Wer glaubt, betet an

Werner Groß (Hrsg.)

# Wer glaubt, betet an

## Fronleichnam – Verehrung der Eucharistie

Schwabenverlag

Umschlaggestaltung: Ronald Parusel, Mössingen
Umschlagmotiv: Korber Monstranz
Foto: Studio Grotz, Korb
Satz: Schwabenverlag AG, Ostfildern
Herstellung: Süddeutsche Verlagsgesellschaft mbH, Ulm
Printed in Germany

ISBN 3-7966-0977-5

# Inhalt


Vorwort 11

**Zum Gehalt und zur Gestalt der Eucharistieverehrung**

Kommt, lasset uns anbeten 14
Zur Begründung der eucharistischen Verehrung
*Karl Rahner*

Die Eucharistieverehrung im Wandel der Geschichte 19
*Werner Groß*

Formen der eucharistischen Verehrung 32
*Werner Groß*

**Die Feier des Fronleichnamsfestes**

Formen der Fronleichnamsfeier 36

Die Messfeier 38

Predigten 41

- Essen dürfen und schlucken müssen 41
  (Joh 6,51–58 – Lesejahr A)
  *Anton Seeberger*

- Die Eucharistie – vom Herrn empfangen 44
  (Mk 14,12–16.22–26 – Lesejahr B)
  *Heribert Feifel*

- Das Innerste nach außen 46
  (Lk 9,10–17 – Lesejahr C)
  *Clemens Stroppel*

Die Prozession 51

- Prozession mit vier Stationen 54
- Prozession mit einer Station 64

Eucharistische Verehrung anstelle der Prozession 67

Feier der Krankenkommunion 69
*Margret Schäfer-Krebs*


**Die Verehrung der Eucharistie**

Vorbemerkungen 76

Gebetszeiten der Stundenliturgie 78

- Laudes 78
- Vesper 82
- Lesehore 87

Betstunden 92

Schriftbetrachtungen 97

- Ein Brot ist es, darum sind wir ein Leib (1 Kor 10,16–17) 97
  *Anton Bauer*
- Wo Jesus uns begegnet (Joh 6,48–51) 101
  *Anton Seeberger*
- Alle aßen und wurden satt (Mk 6,30–44) 104
  *Wolfgang Tripp*
- Tut dies zu meinem Gedächtnis (1 Kor 11,23–26) 108
  *Rolf Oster*

- Das ist mein Leib. Das ist mein Blut (Mk 14,12–16.22–26) 111
  *Rolf Oster*
- Steh auf und iss (1 Kön 19,4–8) 114
  *Marcella Welte OSB*
- Das Brot, das der Herr zu essen gibt (Ex 16,2–4.12–15) 116
  *Josef Brandner*
- Kommt, esst von meinem Mahl (Spr 9,1–6) 119
  *Josef Brandner*
- Lasst uns danken dem Herrn, unserm Gott (Eph 5,19–20) 121
  *Marcella Welte OSB*
- Die Jünger erkannten den Herrn, als er das Brot brach (Lk 24,13–35) 123
  *Hans-Michael Schneider*
- Deinen Tod verkünden wir und deine Auferstehung preisen wir (Röm 8,31b–34) 127
  *Rolf Oster*
- Wir feiern das Opfer Christi (Mk 10,42–45) 130
  *Hans-Michael Schneider*
- Christe, du Lamm Gottes (Joh 1,29–30) 133
  *Anton Bauer*
- Unser tägliches Brot gib uns heute (Mt 6,7–13) 136
  *Burkhard Keck*
- Kommt alle zu mir (Mt 11,25–30) 139
  *Thomas Böbel*
- Christus wohnt in uns (Eph 3,14–21) 143
  *Heribert Feifel*
- Ich bin der Weinstock, ihr seid die Reben (Joh 15,1–8) 146
  *Hans-Michael Schneider*

- Das geöffnete Herz Jesu (Joh 19,31–37) 149
  *Thomas Böbel*
- Ich werde meine Schafe auf die Weide führen (Ez 34,11–16) 153
  *Burkhard Keck*
- Ich bin der gute Hirt (Joh 10,11–16) 156
  *Robert Kloker*
- Welch menschennaher Gott (Phil 2,5–11) 158
  *M. Johanna vom Kreuz-Hauke*

Liedbetrachtungen 161

- Beim letzten Abendmahle 161
  *Anton Bauer*
- Das Geheimnis lasst uns künden 165
  *Heribert Feifel*
- Gottheit tief verborgen 169
  *Christiane Bundschuh-Schramm*
- O heilger Leib des Herrn 172
  *Werner Groß*
- Gott sei gelobet und gebenedeiet 176
  *Werner Groß*
- Im Frieden dein 179
  *Werner Groß*
- O Jesu, all mein Leben bist du 182
  *Werner Groß*
- Unser Leben sei ein Fest 185
  *Robert Kloker*
- Du rufst uns, Herr, an deinen Tisch 188
  *Martin Stöffelmaier*

- Wenn das Brot, das wir teilen 191
  *Martin Stöffelmaier*

Betrachtungen mit Kindern 195

- Jesus teilt mit uns das Brot 195
  *Margret Schäfer-Krebs*
- Jesus lädt uns an seinen Tisch 198
  *Margret Schäfer-Krebs*
- Wir sind Jesu Brüder und Schwestern 202
  *Susanne Herzog*
- In der Mitte der Tisch 205
  *Anton Seeberger*
- Der Tabernakel 208
  *Robert Kloker*
- Die Monstranz 211
  *Burkhard Keck*

Gebete 214

Litaneien 235

- Litanei vom Heiligsten Sakrament 235
- Herz-Jesu-Litanei 238
- Jesus-Litanei 241

Verwendete Schrifttexte 245

Mitarbeiterinnen und Mitarbeiter 248

Namentlich nicht gekennzeichnete Beiträge
sind vom Herausgeber Werner Groß.

# Vorwort

»Wer glaubt, betet an. Er betet nicht nur. Not lehrt beten, aber nicht anbeten. Wer anbetet, hat sein Gebet vergessen und weiß nur noch um Gottes Herrlichkeit.« So der niederländische Religionswissenschaftler Gerardus van der Leeuw (1890–1950) in seinem Standardwerk »Phänomenologie der Religion« (Tübingen $^{4}$1977).

Die Eucharistiefeier, der zentrale Gottesdienst der Kirche, war von Anfang an eine Feier des Glaubens, die geprägt war von Ehrfurcht und Anbetung. Eine eigene Eucharistieverehrung, die aus der Feier herauswächst, beginnt sich allerdings erst nach der Jahrtausendwende zu entwickeln. Ein Markstein ihrer Entstehung ist das Fronleichnamsfest, das die bisher noch nicht übliche Eucharistiefrömmigkeit in ihrer heute bekannten Vielfalt ungemein fördert.

Nach einer Krise der Eucharistieverehrung in den vergangenen Jahrzehnten scheint sie sich heutzutage in geläuterter Form von neuem zu stabilisieren. Das Gespür für Ehrfurcht und der Sinn für Anbetung nehmen wieder zu. Die gesamtkirchliche Instruktion »Eucharisticum Mysterium« (1967) hat im Rahmen der Erneuerung der Liturgie neue theologische, liturgische und spirituelle Maßstäbe gesetzt, die allmählich erkannt und umgesetzt werden.

Herausragende Glaubenszeugen des 20. Jahrhunderts haben überzeugt und überzeugend eine intensive eucharistische Verehrung gepflegt, etwa Charles de Foucauld († 1916), Edith Stein († 1942), Mutter Teresa († 1997). Ihre exemplarische Spiritualität zieht Kreise. Und Roger Schutz, der evangelische Prior der Gemeinschaft von Taizé, bekennt in einem seiner Tagebücher, dass er vor dem Tabernakel der kleinen katholischen Dorfkirche immer wieder betend und betrachtend verweilt habe. Seine geistlichen Erfahrungen fasst Frère Roger in einem kurzen bewegenden Satz zusammen: »Dies ist ein bewohnter Ort.«

Zweifellos erwacht in unserer unruhigen, aufgewühlten und orientierungslosen Zeit eine Sehnsucht nach dem Heiligen, nicht selten aber abseits der Kirche. Sie könnte in einer kultivierten eucharistischen Spiritualität Richtung, Ziel und Heimat finden. Oder wie Alfred Delp im Januar 1945, wenige Wochen vor seinem Martyrium, in seiner Todeszelle in Berlin angesichts der

dort aufbewahrten Eucharistie mit gefesselten Händen notierte: »Der Anbetende und der Liebende: das erst ist der Mensch.«
Die Handreichung »Wer glaubt, betet an« will zu einer Vertiefung einer zeitgemäßen Eucharistiefrömmigkeit beitragen. Deshalb lenkt sie den Blick auf den jährlichen Höhepunkt der Eucharistieverehrung an Fronleichnam, auf den Tag der Ewigen Anbetung in Gemeinden und Ordensgemeinschaften sowie auf Betstunden, Gebetszeiten und Andachten zu Ehren des Altarsakramentes das Jahr hindurch.

Rottenburg, 6. Januar 2000 *Werner Groß*

# *Zum Gehalt und zur Gestalt der Eucharistieverehrung*

# Kommt, lasset uns anbeten

## Zur Begründung der eucharistischen Verehrung

Die Kirche hat eine Geschichte, die noch lange nicht zu Ende ist, die nur schwer oder gar nicht vorauskalkuliert werden kann und immer wieder Überraschungen bringt. Das gilt auch von der Frömmigkeit sowohl der Einzelnen in der Kirche als auch von der Kirche und ihren großen Gruppen. Es gibt also eine Frömmigkeitsgeschichte. Auch eine solche hat ihren immer neuen Wandel, der vom Geist Gottes gewirktes Neues bringt und auch immer unvermeidlich seine Gefahren hat.
Weil die Kirche Jesu Christi in diesem Wandel ihrer Geschichte im Allgemeinen und ihrer Frömmigkeit im Besonderen ihre Identität nicht verlieren darf und nicht verlieren wird unter dem Beistand des Geistes Gottes und Christi, bleibt in dieser Geschichte nicht nur durch allen Wandel hindurch ein bleibendes, selbes Wesen erhalten, sondern die Vergangenheit verschwindet nie so, dass sie Zukunft nichts mehr zu sagen hätte. In der weitergehenden Geschichte kann ein *Altes* wieder *jung* werden und die spätere Geschichte belehren und inspirieren. Es gibt darum, um eine neue *Zukunft* zu schaffen, auch eine *Rückkehr* zu den Quellen. Das so immer wieder neu lebendig werdende Alte geht nicht als eine unlebendige, tote Gegebenheit in die spätere Zeit ein, nicht als ein respektvoll bewahrtes Museumsstück, sondern bleibt, indem es sich lebendig in eine neue Zeit hineinentwickelt und so anders wird und doch sein altes Wesen bewahrt. Was so von der Kirche und ihrer Geschichte samt der Frömmigkeitsgeschichte im Allgemeinen gesagt wurde, gilt auch von der eucharistischen Frömmigkeit, von der Frömmigkeit, mit der die Stiftung Jesu im Abendmahl immer neu gefeiert werden muss. Von der Möglichkeit, Altes aus der eucharistischen Frömmigkeitsgeschichte neu lebendig werden zu lassen, solches Alte nicht einfach als Vergangenheit gleichgültig hinter sich zu lassen, sondern als neue Möglichkeit und Aufgabe der Zukunft zu sehen, soll in dieser kleinen Betrachtung die Rede sein.

Es lässt sich, wenn man das heutige Leben der Kirche in unseren Ländern vorurteilslos betrachtet, nicht leugnen, dass die *eucharistische Frömmigkeit einen gewissen Schwund erfahren hat.* Wird die stille Anbetung vor dem Tabernakel mit dem ewigen Licht noch so geübt wie früher? Wie viele Klöster mit einer »ewigen Anbetung« gibt es noch? Ist die Fronleichnams-Prozession nicht an vielen Orten entweder aufgegeben worden oder doch sehr reduziert? In wie vielen Kirchen braucht man heute noch eine Monstranz? Die Kniebeugung vor dem Allerheiligsten ist vielfach schon vergessen. Die vielen, die heute sich zum Gottesdienst versammeln, sitzen sofort auf den Bänken und warten gelangweilt bis zum Gottesdienstbeginn. Dass man zunächst einmal für ein paar Augenblicke hinknien und den in der Eucharistie gegenwärtigen Herrn anbeten könnte, das scheint sehr vielen nicht einmal als eine denkbare Möglichkeit in das Bewusstsein zu dringen. Der Kommunion-Empfang bei der Teilnahme am eucharistischen Gottesdienst ist mehr als früher für viele fast zur selbstverständlichen Gewohnheit ihrer Sonntagsfeier geworden, aber vielleicht doch oft zu sehr zur Selbstverständlichkeit und Gewohnheit. Die früher fast selbstverständliche Gewohnheit einer privaten Danksagung nach dem Kommunion-Empfang und dem Ende des gemeinsamen Gottesdienstes scheint mehr oder weniger vergessen zu sein. Es gibt gewiss keinen notwendigen Zusammenhang zwischen der sakramentalen Buße, der »Beichte«, und dem Kommunion-Empfang, so wie noch vor ein paar Jahrzehnten viele Christen sich diesen Zusammenhang als verpflichtend dachten. Aber steht die Verpflichtung zur sakramentalen Einzelbeichte nach schwerer Schuld vor dem Kommunion-Empfang dem durchschnittlichen Christen von heute deutlich genug im Bewusstsein? Solche Beobachtungen eines Schwundes in der eucharistischen Frömmigkeit könnte man noch erweitern. Was ist dazu zu sagen?

Es können hier und jetzt gewiss nicht alle früher durch Jahrhunderte selbstverständlich gewesene Äußerungen der eucharistischen Frömmigkeit bedacht und auf ihre Lebendigkeit auch in der Zukunft befragt werden. Manches daran wird sicher nicht überall eine Verheißung der Zukunft haben, so fromm es gewesen sein mag, und man, wenn man es früher selbst erlebt hat, ihm nachtrauern wird. Ich weiß nicht, ob jederzeit und überall in der Zukunft in jeder Kirche eine schöne Monstranz zum selbstverständlichen Schatz der Kirche gehören wird. Aber es gibt gewiss in der eucharistischen Frömmigkeit der Vergangenheit nicht weniges, was bleiben sollte, was auch in Zukunft einen Sinn hat,

was nicht untergehen sollte, was *zu der Vergangenheit gehört, die die Zukunft, soll sie groß sein, sich neu erwerben muss.* Es soll hier nur eines davon genannt und etwas bedacht werden: Das stille Gebet des Einzelnen vor dem Tabernakel.
Gewiss kann man Gott überall im Geist und in der Wahrheit anbeten. Gewiss hört der ewige Gott das Gebet, das einer in der verschlossenen Einsamkeit seiner Kammer spricht. Gewiss sollte der Christ immer besser verstehen, Gott in allem zu finden, seinen Alltag zum Gottesdienst zu machen. Aber wenn man ehrlich ist, wird man zugeben müssen, dass derjenige, der immer und überall Gott liebend nahe ist, den gemeinsamen Gottesdienst, das ausdrückliche Gebet in der Kirche mit seinen Brüdern und Schwestern zusammen, die ausdrücklichen und leibhaftigen Vollzüge seiner Gottesnähe erst recht schätzen wird.
Ein solcher, der Gott immer und überall nahe sein will, wird gerade solche ausdrücklichen und leibhaftigen Vollzüge seiner Frömmigkeit als liebend geübte Höhepunkte seiner Gottverbundenheit schätzen. Er kennt keinen Gegensatz zwischen der dauernden Geweihtheit seines Alltags und den ausdrücklich gestalteten Weihestunden seines Lebens.

Solches gilt auch erst recht für die eucharistische Frömmigkeit. Es gehört zum christ-katholischen Glauben, dass *Jesus Christus mit Gottheit und Menschheit unter den eucharistischen Gestalten wahrhaft gegenwärtig ist.* Gewiss ist diese Gegenwart unter den Symbolen menschlicher Nahrung ausgerichtet auf den wirklichen Empfang und Genuss dieser eucharistischen Speise. Aber das ändert nichts daran, dass in dieser Speise Jesus Christus mit Gottheit und Menschheit nicht nur gegenwärtig ist, indem er empfangen wird, sondern zuvor gegenwärtig ist, damit er leibhaftig empfangen werden könne. Und darum kann der katholische Christ Jesus, das göttliche Unterpfand seines Heiles, unter diesen eucharistischen Zeichen anbeten. Solche Anbetung ist im Vergleich zum wirklichen Empfang des himmlischen Brotes zwar nicht der Höhepunkt des sakramentalen Geschehens, wohl aber eine legitime Konsequenz aus dem katholischen Glauben an die wahre Gegenwart des Herrn im Sakrament.
Diese *Verehrung Jesu im Sakrament* dürfte also nicht untergehen. Sie mag eine Geschichte haben aus fast nicht bemerkbaren Anfängen heraus. Aber in der Heilsgeschichte und in der Geschichte

der Kirche ist es nicht so, dass etwas schon einfach darum wieder schwinden dürfte, weil es fast unbemerkt begonnen hatte. Nein: Wir katholischen Christen wollen in Gemeinschaft und als Einzelne auf das Zeichen der Gegenwart dessen blicken, der uns geliebt hat und sich für uns dahingegeben hat. Es sollte für uns nicht fremd sein, auch einmal in privatem Gebet vor dem Herrn zu knien, der uns erlöst hat.
Vor vierzig Jahren sah ich in Wien noch in der Elektrischen Leute sich bekreuzigen oder den Hut abnehmen, wenn die Straßenbahn an einer Kirche vorbeifuhr. Solches mag uns heute fremd geworden sein und zwar mit Recht, so dass auf Wiederbelebungsversuche solcher Äußerungen der Frömmigkeit verzichtet werden kann. Aber echte, *private und gemeinsame Verehrung des Sakramentes des Altares,* auch außerhalb des Kommunionempfangs, dürfte dennoch nicht untergehen. Man sollte sich selbst einmal prüfend fragen, ob einem diese heilige Tradition einer eucharistischen Frömmigkeit noch etwas zu sagen hat. Wir sind gefragt, ob wir dieser Überlieferung eine Zukunft geben wollen. Dieses Alte birgt einen Segen für die Zukunft in sich. Wir müssen ihn nur ergreifen.
Ich meine, es solle auch in der Zukunft der Kirche und zwar nicht nur in den seltensten Fällen so sein: Da kniet ein Christ allein und still in einer Kirche vor dem Heiligen Schrein, in dem das Brot des Lebens für seinen Empfang aufbewahrt wird. Dieser Christ weiß, dass Gott überall ist, mit seiner Macht und Liebe alles trägt, allem unsagbar nahe ist, die ganze Welt der Dom zu seiner ewigen Anbetung ist. Aber dieser Christ weiß auch, dass er selber noch lange nicht immer dem ihm immer nahe seienden Gott in anbetender Liebe nahe ist; er weiß, dass er selber immer noch Gottes Nähe suchen muss. Und er weiß, dass der in Allmacht und Liebe überall gegenwärtige Gott, weil wir ihm nicht immer nahe sind, sich selbst einzelne Orte und Wirklichkeiten geschaffen hat, die es uns, den in Raum und Zeit Gefangenen, leichter machen, seine Gegenwart zu ergreifen. – Jesus aber ist *das* Ereignis, in dem Gott unüberbietbar und unwiderruflich für den endlichen Menschen seine Heil schaffende Gegenwart gegeben hat. Und vor *diesem leibhaftigen Jesus, wenn auch verhüllt unter sakramentalen Zeichen, kniet dieser Christ.* In Jesus ist die unüberbietbare und endgültige Weltwerdung Gottes gegeben und diese meldet sich, gewissermaßen in der Phase der Rück-

führung der Welt in die Herrlichkeit Gottes, in diesem Sakrament an. Vor ihm kniet der Christ. Er schaut auf den, den sie durchbohrt haben, er ist dem ganz leibhaftig nahe, in dem Gott die Welt als seine eigene Wirklichkeit angenommen hat. Der betende Christ schweigt, er nimmt die stille Ruhe dieses Sakraments entgegen, er kann diesem sakramental gegenwärtigen Herrn seines Lebens dieses oder jenes Anliegen vortragen; aber letztlich will er durch diesen sakramental gegenwärtigen Jesus eben doch nur aufgenommen werden in die Wahrheit und Liebe Gottes, die sich schweigend von diesem sakramentalen Zeichen her ausbreitet.
Ich meine, wir dürfen auch heute und in Zukunft das, was so unsere christlichen Vorfahren geübt haben, nicht vergessen. Das ewige Licht unserer katholischen Kirchen lädt auch heute noch zum schweigenden Verweilen vor dem Geheimnis unserer Erlösung ein.

*Karl Rahner*

Dieser Aufsatz von Karl Rahner erschien erstmals in:
Geist und Leben 54 (1981), 188–191.

# Die Eucharistieverehrung im Wandel der Geschichte

Die Kirche hat nie aufgehört, sich wie bereits in neutestamentlicher Zeit regelmäßig zur Feier der Eucharistie zu versammeln. Die Eucharistie als zentraler Gottesdienst der Kirche begleitet ihren Weg durch die Zeit, doch bei aller Wahrung ihrer Grundgestalt in den vergangenen zwei Jahrtausenden ist zu beachten: »Es ist eine Tatsache, dass die Eucharistie durch lange Jahrhunderte – wir können sagen im ganzen ersten Jahrtausend –, obwohl sie wie heute den innersten Kern christlicher Frömmigkeit bildete, doch nach außen wenig hervortrat, so wenig, dass man von einer eigenen eucharistischen Frömmigkeit gar nicht reden kann ... Die Eucharistie ist gefeiert und empfangen worden.«[1] Dieses Urteil mag manchen erstaunen, aber es entspricht den Gegebenheiten der Liturgiegeschichte.[2]

## 1. Innerhalb der Messfeier

Die Eucharistie, vor allem am Sonntag, gehörte von allem Anfang an in einer unangefochtenen Selbstverständlichkeit zum Leben des einzelnen Christen wie der Gemeinden. Justin, der Philosoph und Märtyrer († um 165), beginnt in seiner um das Jahr 150 verfassten Ersten Apologie seine Schilderung der Gemeindeeucharistie (übrigens die erste umfassendere und in Einzelheiten gehende Darstellung des Herrenmahls) mit der Feststellung: »Und an dem nach der Sonne benannten Tag wird eine gemeinsame Versammlung aller gehalten, die in den Städten und auf dem Land wohnen.«[3] Der Bericht erwähnt zum Abschluss das eucharistische Mahl: »Und (dann) (= nach dem Hochgebet, das die Gemeinde mit ihrem Amen bestätigt) geschieht für jeden die Verteilung und der Genuss von den (Gaben), über die Dank gesagt worden ist, und den Abwesenden wird (davon) durch die Diakone gesandt.«[4] An der Eucharistie soll die ganze Gemeinde Anteil erhalten: die Mitfeiernden und die Abwesenden, die Gesunden und die Kranken. Keinem darf »das eine Brot« (1 Kor 10,17) vorenthalten werden. So sehr sich die Gemeinde einerseits in der Eucharistiefeier selbst darstellt, so sehr lebt sie andererseits vom Brot der Eucharistie und seiner Lebenskraft. Jeder bekommt ein und dasselbe Brot und wird auf dieselbe Weise mit Christus verbunden. Die Kommunion mit Christus ist zugleich Kommunion mit den Christen. Die Feier steht im Zeichen der communio.

## Kommunionempfang

Wer zum eucharistischen Mahl hinzutritt, muss wissen, wie groß und kostbar die Gabe ist, für die er seine leeren Hände öffnet. Der Kommunionempfang setzt die Ehrfurcht vor der Gabe und dem Geber voraus. Schon die Zwölfapostellehre (Didache), die wohl in die apostolische Zeit zurückreicht und um die Jahrhundertwende entstanden ist, ruft zu dieser Grundhaltung auf: »Ist einer heilig, trete er hinzu; wenn einer es nicht ist, tue er Buße.«[5]

Schon früh sind Spendeworte bezeugt, die kurz und prägnant die Gabe kennzeichnen, die ausgeteilt und empfangen wird. Hippolyt von Rom († 235) überliefert in seiner Apostolischen Überlieferung die Spendeformel: »Das himmlische Brot in Jesus Christus.« Die Gläubigen fügen vor dem Empfang das »Amen« hinzu.[6] Ein anderes, ebenfalls bereits in der christlichen Frühzeit verwendetes Spendewort hat die Liturgiereform des Zweiten Vatikanischen Konzils zu neuem Leben erweckt: »Der Leib Christi.« Dieser Hinweis des Spenders, der die Abendmahlsworte Jesu aufgreift, hat den Sinn eines Bekenntnisses. Sehr viel Wert wird auf das Amen des Glaubens gelegt, mit dem der Kommunizierende das Spendewort bestätigt.[7]

Es lag nahe, solch ein Bekenntnis durch ein Zeichen zu unterstreichen. Der ganze Mensch glaubt, bekennt, betet an. Augustinus, der Bischof der nordafrikanischen Stadt Hippo († 430), sagt im Blick auf den Schluss der Brotrede Jesu (Joh 6,51–58): »Weil er im Fleisch selber hier wandelte, so gab er uns auch sein Fleisch als Speise zum Heil; niemand aber isst jenes Fleisch, der nicht zuvor angebetet hat. Nicht nur sündigen wir nicht, wenn wir anbeten, sondern wir sündigen, wenn wir nicht anbeten.«[8] Die Anbetung gehört zur Eucharistiefeier, ja, der würdige Kommunionempfang setzt die Anbetung geradezu voraus. Wahrscheinlich war es in Hippo Brauch, dass die Kommunikanten sich tief verneigten oder sich auf den Boden niederwarfen, ehe sie das Brot des Lebens auf ihrer Hand entgegennahmen.

Ungefähr zur selben Zeit beschreibt Cyrill, Bischof von Jerusalem († 387), in einer seiner Mystagogischen Katechesen vor Neugetauften in der Osteroktav den Kommunionempfang in aller Ausführlichkeit: »Wenn du nun hingehst, so gehe nicht hin so, dass du die flachen Hände ausstreckst oder die Finger auseinander spreizest, sondern mache die linke Hand zu einem Thron für die Rechte, die den König empfangen soll, und dann mache die flache Hand hohl und nimm den Leib Christi in Empfang und sage das Amen dazu. Dann heilige mit aller Sorgfalt deine Augen durch die Berührung des heiligen Leibes und empfange ihn, gib aber Acht, dass dir nicht etwas davon wegfällt; denn was dir wegfiele, das wäre dir wie von den eigenen Gliedern verlorengegangen. Sage mir, wenn dir jemand Goldstaub gegeben hätte, würdest du ihn nicht mit aller Sorgfalt festhalten und Acht haben, dass dir nichts davon entfällt und verlorengeht? Musst du nicht viel sorgfältiger darauf sehen, dass dir von dem, was kostbarer ist als Gold und Edelstein, keine Brosame entfällt?«[9] Dieser eindrucksvolle Ritus bezeugt die Ehrfurcht beim Empfang und entspricht dem alten Ruf, der in den Liturgien des Ostens als Einladung zur Kommunion schon früh erklang und seit dem 4. Jahrhundert auch schriftlich bezeugt ist: »Das Heilige den Heiligen.«[10]

## Kommuniongesänge

In größeren und feierlichen Gottesdiensten begleitet Gesang den Kommunionempfang. Das Mahl der Freude erhält festlichen Glanz, der auch im Gesang seinen Ausdruck findet. Bis in das 3. und 4. Jahrhundert reicht wohl der folgende Gesang zurück:

»Der heilige Leib
Jesu Christi,
des Gotteslammes.

Der heilige Leib
dessen, der sich hingegeben
für uns.

Der heilige Leib
dessen, der seinen Jüngern
die Geheimnisse der Gnade schenkte
im Neuen Bunde.

Der heilige Leib,
durch den wir empfangen
das unblutige Opfer.

Der heilige Leib
dessen, der mit Wasser wusch
die Füße der Apostel
und mit Heiligem Geist
läutert ihre Seelen.

Der heilige Leib
dessen, der die Ehebrecherin rechtfertigte
und uns gereinigt hat
durch sein eigenes Blut.

Der heilige Leib
dessen, der den Judaskuss empfing
und dennoch die Schöpfung liebte,
durch die er den Tod erlitt.

Der heilige Leib
dessen, der, ausgeliefert an Pilatus,
sich seine Kirche bereitete
untadelig und rein.
Wir preisen und rühmen deinen Namen.«[11]

In den Liturgien des 4. Jahrhunderts werden zur Kommunionausteilung die Psalmen 34 und 145 gesungen.[12] Beide enthalten Kernsätze, die den Grundvorgang des eucharistischen Mahles beschreiben und deuten können. Der schenkende Gott mit seiner Güte und Liebe und der empfangende Mensch mit seinem Glauben und Vertrauen kommen in den Blick:

»Kostet und seht, wie gütig der Herr ist;
wohl dem, der zu ihm sich flüchtet« (Ps 34,9).

»Aller Augen warten auf dich
und du gibst ihnen Speise zur rechten Zeit.
Du öffnest deine Hand
und sättigst alles, was lebt,
nach deinem Gefallen« (Ps 145,15–16).

## 2. Außerhalb der Messfeier

Bis nach der Jahrtausendwende gab es eine Verehrung der Eucharistie nur innerhalb der Messfeier.[13] Die eucharistische Anbetung blieb auf die Eucharistiefeier beschränkt. Bereits in der frühen Christenheit aber lässt sich die Aufbewahrung der Eucharistie über den Abschluss der eucharistischen Versammlung hinaus nachweisen. Für die kranken und vor allem für die sterbenden Gemeindemitglieder wollte man jederzeit die eucharistische Speise parat haben. Das Konzil von Nikaia (325) hatte jeden Christen verpflichtet, in seiner Todesstunde die heilige Wegzehrung zu empfangen.

»Die Aufbewahrung und die Verehrung der Eucharistie sind aus sachlichen und aus historischen Gründen eng miteinander verbunden, aber doch auch voneinander zu unterscheiden. Denn es gab und gibt bis heute im Rahmen der Eucharistiefeier zahlreiche verbale und nonverbale Äußerungen der Ehrfurcht gegenüber dem ›Geheimnis‹ (mysterion) der Eucharistie, insbesondere aber gegenüber den eucharistischen Gestalten ... Aber davon zu unterscheiden sind jene Formen der Verehrung, die aufgrund der Aufbewahrung, vor allem der eucharistischen Brotsgestalt, entstanden und seit dem Mittelalter zu einem Charakteristikum der westlichen Kirche geworden sind.«[14]

Erste Formen einer eucharistischen Verehrung außerhalb der Messfeier lassen sich in der »Liturgie der vorgeheiligten Gaben« in der Ostkirche erkennen. Sie weist verschiedene Ehrfurchtsbezeigungen des Priesters und der Gemeinde auf. Die »Liturgie der vorgeheiligten Gaben« fand im 7. Jahrhundert auch in der römischen Kirche Eingang, blieb allerdings auf den Gottesdienst des Karfreitags beschränkt.[15] Auswirkungen, die über diesen einmal im Kirchenjahr gefeierten Gottesdienst hinausreichen, sind nicht festzustellen.

»Die Ursprünge der Eucharistieverehrung sind nicht völlig geklärt. Entstanden ist sie in der Westkirche nach der Jahrtausendwende und hat sich nur hier ... verbreitet.«[16]

Die seit dem 13. Jahrhundert deutlich erkennbare eucharistische Verehrung außerhalb der Messfeier hat eine ganze Reihe von Ursachen. Zu nennen ist in erster Linie ein tief greifender Wandel im theologischen Verständnis der Eucharistie. Mehr als bisher wird die Gegenwart (Realpräsenz) Jesu Christi in den Gestalten des Bro-

tes und Weines herausgestellt. Die Eucharistiefeier wird »in die Rolle eines bloßen Mittels gedrängt«, die Gegenwart des Herrn herbeizuführen.[17] Dazu kommt die der gotischen Frömmigkeit eigene »Sehnsucht nach Schau, nach geistiger und sinnlicher Schau«[18]. Man spricht heute in diesem Zusammenhang von der »Augenkommunion«. Nicht zuletzt spielt die Tatsache eine Rolle, dass die Liturgie der Kirche und die Frömmigkeit des Volkes sich auseinander entwickeln. »Aus dem ursprünglichen Miteinander« wird mehr und mehr »ein verständnisloses Nebeneinander«[19].
Zu den Wegbereitern und Förderern der Sakramentsfrömmigkeit gehören sicher die nach der Jahrtausendwende entstandenen Ordensgemeinschaften und ihre Spiritualität. Die Anbetung der Eucharistie »erfuhr ihre volkstümliche Verbreitung und damit ihre allgemeine Bedeutung, als Franz von Assisi († 1226) sie in seine Bewegung einordnete«[20]. Noch auf seinem Sterbelager im Jahre 1226 erhob er die Forderung: »Ich will das allerheiligste Geheimnis über alles verehrt und an kostbarem Ort aufbewahrt haben.«[21]

## Erhebung der Hostie

Das erste Anzeichen einer neuen eucharistischen Anbetung lässt sich in der Erhebung der Hostie unmittelbar nach den Wandlungsworten des Hochgebetes erkennen.[22] Die erste Nachricht über diesen heute selbstverständlichen Brauch findet sich in einer Bestimmung der Pariser Synodalstatuten, die Bischof Odo von Sully († 1208) zu Beginn des 13. Jahrhunderts erließ. Die Priester des Bistums Paris erhielten die ausdrückliche Weisung, nach den Konsekrationsworten die Hostie so hoch zu erheben, dass sie von allen gesehen werden kann. Das Verlangen der Gläubigen war groß, die konsekrierte Hostie zu sehen und in ihr den Leib Christi anzubeten; dagegen war die Teilnahme am Tisch des Herrn spürbar zurückgegangen. »Wer die Hostie gesehen hat, war als Teilnehmer der Feier äußerlich befriedigt und innerlich gerechtfertigt ...«[23] Sehr rasch verbreitete sich der bisher völlig unbekannte Ritus weit über die Diözese Paris hinaus. Er wurde als Höhepunkt der ganzen Messfeier und »Aufforderung zur Anbetung«[24] betrachtet. »Diese liturgische Neuerung hatte große Folgen; ohne Übertreibung kann man sagen, dass sie der Ausgangspunkt der eucharistischen Frömmigkeit der folgenden Zeiten geworden ist ...«[25]

Der neue Ritus während des Hochgebetes wurde durch Zeichen und Gebete besonders hervorgehoben. »Er wurde ausgestaltet durch Glockenzeichen, die auf den Augenblick der Elevation aufmerksam machen sollten, durch das Anzünden von (so genannten Wandel- oder Sanctus-)Kerzen, durch stille Gebete des Priesters und der Gläubigen, durch eucharistische Gesänge. Der Priester, die Assistenz und die Gläubigen knieten nieder. Letztere klopften an die Brust, während sie das Sakrament anschauten.«[26]

## Fronleichnamsfest

Zur selben Zeit war die Bischofsstadt Lüttich »ein Zentrum der eucharistischen Lehre und Verehrung«[27]. Im Augustinerinnenkloster auf dem nahen Kornelienberg hatte seit dem Jahre 1209 die Ordensfrau Juliana († 1258) bei ihren häufigen Anbetungsstunden vor dem Sakrament Visionen, in denen sie den Vollmond mit einer dunklen Stelle schaute. Nach langem Gebet erhielt sie die Weisung, dass dieses Bild die Kirche bedeute, unter deren liturgischen Feiern das festliche Gedächtnis der Einsetzung der Eucharistie fehle. Mit aller Kraft setzte sie sich für ein solches Fest ein und hatte schließlich Erfolg. Im Jahre 1246 wurde das Fronleichnamsfest für die Diözese Lüttich eingeführt, im Jahre 1264 für die gesamte Kirche. Sein Termin am Donnerstag nach dem Dreifaltigkeitssonntag erinnert an den Stiftungstag der Eucharistie. Dieses erste durch einen Papst allgemein dekretierte Fest wurde nur sehr langsam rezipiert; erst im 14. Jahrhundert wurde es allgemein begangen.
Anfangs bekam das neue Fest verschiedene lateinische Namen; am häufigsten wurde die Bezeichnung »festum corporis Christi« verwendet. In Deutschland bürgerte sich mehr und mehr der aus dem Lateinischen übersetzte Name »Fronleichnam« ein (vron oder fron = Herr; lichnam = lebendiger Leib).[28] Das Fronleichnamsfest sollte zur dankbaren Mitfeier der Eucharistie führen. Bischof Robert von Lüttich († 1246) forderte die Gläubigen auf, »sich am Vortage durch Fasten, Gebet, Nachtwachen, Almosen und andere Werke vorzubereiten, sodass sie am Feste selbst das süße Sakrament empfangen können, wenn sie bereit und bewährt sind und wenn Gott ihre Herzen berührt«[29]. Ähnliche Gedanken finden sich in der von Papst Urban IV. († 1264) unterzeichneten Bulle zur Einführung des Fronleichnamsfestes: »Die

Süße des Herrn selbst wird hier verkostet, denn er selbst wollte in uns seine überfließende Liebe zeigen.«[30]

## Sakramentshymnen

Die liturgischen Texte für das Stundengebet und die Messfeier des Fronleichnamsfestes werden Thomas von Aquin († 1274) zugeschrieben, der damals als oberster theologischer Berater zum päpstlichen Hof in Orvieto gehörte.[31] Für das Stundengebet dichtete Thomas drei eucharistische Hymnen: »Pange, lingua« (Das Geheimnis lasst uns künden), »Sacris sollemniis« (Jubelnder Freude Lied töne am heil'gen Tag) sowie »Verbum supernum« (Das Wort des Vaters, Gottes Sohn, tritt ein in unsre Erdenzeit). Für den Wortgottesdienst der Festmesse schuf Thomas die Sequenz »Lauda, Sion, Salvatorem« (Lobe, Zion, deinen Hirten). Unter dem Namen des Thomas von Aquin wird außerdem der eucharistische Hymnus »Adoro te devote« (Gottheit tief verborgen) überliefert.
Diese Sakramentshymnen verbinden hohe Theologie, tiefe Empfindung und dichterische Schönheit zu einer eindrucksvollen Einheit. Sie wurden aber auch zum Impuls für eine mehr und mehr um sich greifende Spiritualität, die aus der Anbetung der Eucharistie lebt. Vor Thomas von Aquin sind solche Lobgesänge zu Ehren des Altarsakramentes nicht bekannt. Erst jetzt wurden »die Dichter zu Hymnen und Liedern auf den eucharistischen Christus angeregt; Thomas von Aquin eröffnete den Reigen und andere folgten ihm nach«[32].
Allmählich wuchsen aus dem Fronleichnamsfest neue Formen der eucharistischen Frömmigkeit hervor, die neben die Messfeier traten: die Prozession, in der das heiligste Sakrament zunächst verhüllt, später in der Monstranz mitgetragen wurde; der eucharistische Segen; die Andacht in Verbindung mit der Anbetung des eucharistischen Brotes; die Aufbewahrung der Eucharistie zur Verehrung.[33]

## Fronleichnamsprozession

Das Fronleichnamsfest wurde ursprünglich ohne Prozession gefeiert. Erste Nachrichten über eine Prozession mit dem heiligsten Sakrament[34] führen uns nach Köln: »Die Fronleichnamsprozession, ca. 1265/1275 in St. Gereon zu Köln erwähnt, ist eine festliche Ausgestaltung der Aspergesprozession vor dem Hochamt, bei der der Leib Christi an der Spitze des Zuges in der Pyxis mitgetragen wird, wie man es bei dem Herbeibringen und Wegtragen der Eucharistie in der alten römischen Liturgie gewohnt war.«[35] Weitere frühe Belege für eine Fronleichnamsprozession: Benediktbeuern 1286, Hildesheim St. Godehard um 1301, Quedlinburg 1317.

Aus dem Umgang in der Nähe der Kirche entwickelten sich weitläufigere theophorische Prozessionen mit glanzvoller Gestaltung und Feierlichkeit. Besonders im deutschen Sprachgebiet erhielt die Prozession seit dem 15. Jahrhundert durch das Motiv der Flurumgänge eine weitere Prägung. Man machte an vier Stationen halt, sang die Initien der vier Evangelien, sprach Fürbitten und erteilte den sakramentalen Segen in die vier Himmelsrichtungen. Ihre Blütezeit erreichte die Fronleichnamsprozession im Barock, sie wurde zum Triumphzug des Herrn der Herrlichkeit, ausgezeichnet durch die »Freude am heiligen Besitz«[36].

»Eine biblisch, patristisch und ökumenisch begründete Neubesinnung hat nach dem Vaticanum II Feier und Empfang der Eucharistie als die stiftungsgemäße Hochform ihrer Verehrung wieder erkennen lassen, wodurch die Prozession an Bedeutung verlor, oft reduziert, vereinzelt auch abgeschafft wurde. Wo die traditionelle Gestalt bloß konserviert wird, droht ein Abgleiten ins Folkloristische ... Die Kirche als pilgerndes Gottesvolk könnte ein gültiges Motiv der Gestaltung sein.«[37]

## Das Vierzigstündige Gebet

Die eucharistische Frömmigkeit nahm sich der altchristlichen Andacht der Vierzig Stunden an, um ihr einen neuen Akzent zu geben.[38] Sie hatte ursprünglich die Zeit der Grabesruhe Jesu mit Fasten, Wachen und Beten begleitet.

Das Vierzigstündige Gebet wurde im 16. Jahrhundert zur eigenständigen Anbetung des heiligsten Sakramentes. Diese Entwicklung begann im Jahre 1527 in der Kirche des heiligen Grabes in Mailand, wo viermal im Jahr, nicht nur in den Kartagen, sondern auch zu Pfingsten, zum Fest Mariä Himmelfahrt und zu Weihnachten ein Vierzigstündiges Gebet gehalten wurde. Zwei Jahre später wird dieser Brauch bereits im Dom von Mailand geübt und im Jahre 1537 auf die ganze Stadt und das ganze Jahr ausgedehnt. »Dieses Gebet erfolgt nur vor ausgesetztem Allerheiligsten und wandert von einer Kirche der Stadt zur anderen. Die Stadtviertel werden genau eingeteilt und die Bürger sollen sich jeweils stündlich abwechseln. Damit ist das vierzigstündige Gebet zugleich zum Ewigen Gebet geworden.«[39] Die neue Übung erreichte rasch Rom und verbreitete sich in ganz Italien, angeregt durch Antonius M. Zaccaria († 1539) und dessen Barnabitenorden. Im Jahre 1592 führte Papst Clemens VIII. († 1605) für die Kirchen der Stadt Rom das Vierzigstündige Gebet in der Form des Ewigen Gebetes ein. Von Rom aus verbreitete sich diese eucharistische Andachtsform in der ganzen Kirche: die Ewige Anbetung, die im Lauf des Jahres an den einzelnen Tagen von Pfarrkirche zu Pfarrkirche und in den Nächten von Klosterkirche zu Klosterkirche wechselte. Diese Verehrung der Eucharistie erlebt im Barock und im 19. Jahrhundert ihre Blütezeiten. Beispielsweise ist sie für Konstanz im Jahre 1601 bezeugt,[40] für die Diözese Rottenburg führte sie Bischof Joseph von Lipp im Jahre 1854 ein.[41]

## Eucharistische Anbetung

Die Feier der Eucharistie hat sich immer am Willen ihres Stifters zu orientieren. Sein Auftrag ist und bleibt maßgebend: »Nehmet und esset alle davon: Das ist mein Leib, der für euch hingegeben wird.« Die Zeichensprache des Brotes ist klar und deutlich. Das eucharistische Brot ist zum Nehmen und Empfangen, zum Essen und Kommunizieren da.[42] Die Verheißung aus der Brotrede Jesu erfüllt sich am Tisch des Herrn: »Wer mein Fleisch isst ..., der bleibt in mir, und ich bleibe in ihm« (Joh 6,56).

Nehmen und essen im Sinne der neutestamentlichen Abendmahlsberichte sind jedoch Vorgänge von einer ungeheuren Tiefe. Den Herrn in der Gestalt des Brotes empfangen heißt nicht nur dieses geheimnisvolle Brot nehmen und essen, sondern auch in Ehrfurcht auf Christus zugehen, ihn verehren und anbeten. »Aus diesem Grund kann das Empfangen über den Moment der eucharistischen Feier hinausreichen, ja, muss es tun. Je mehr die Kirche in das eucharistische Geheimnis hineinwuchs, desto mehr hat sie begriffen, dass sie Kommunion nicht in den umgrenzten Minuten der Messe zu Ende feiern kann. Erst als so das Ewige Licht in den Kirchen entzündet wurde und neben dem Altar der Tabernakel aufgerichtet wurde, war gleichsam die Knospe des Geheimnisses aufgesprungen und die Fülle des eucharistischen Geheimnisses von der Kirche angenommen.«[43]

Die Liturgiereform des Zweiten Vatikanischen Konzils, insbesondere die grundlegende Instruktion »Eucharisticum mysterium« (1967), betont eindringlich den wesentlichen Zusammenhang zwischen Eucharistieverehrung und Eucharistiefeier. »Die Eucharistieverehrung außerhalb der Messe gründet in und wird gerechtfertigt durch die in der Eucharistiefeier geschenkte und über sie hinaus bleibende Gegenwart des Herrn in Brot und Wein, deren Sinn und Ziel aber primär die communio mit Christus und unter den Feiernden durch den Genuss seines Leibes und Blutes ist. Die dankbare Verehrung außerhalb der Feier ist in der katholischen (und anglikanischen) Kirche dringend empfohlen.«[44]

Die eucharistische Verehrung geht wie alle gottesdienstlichen Feiern aus der Messe hervor und will zu ihr hinführen.[45] Die Anbetung der Eucharistie lässt den Empfang dieser Speise dankbar nachklingen und macht in Glaube, Hoffnung und Liebe von neuem dafür bereit.

*Werner Groß*

## Anmerkungen

1 Josef Andreas Jungmann, Eucharistische Frömmigkeit und eucharistischer Kult in Wandel und Bestand, in: Eucharistiefeier in der Pfarrgemeinde. Herausgegeben vom Bischöflichen Seelsorgeamt Trier, Trier 1961, 19–39, hier: 19–20.

2 Vgl. die Darstellungen der Geschichte und Theologie der eucharistischen Verehrung: Peter Browe, Die Verehrung der Eucharistie im Mittelalter, München 1933. Josef Cornelißen, Eucharistieverehrung außerhalb der Messfeier. Diplomarbeit (maschinenschriftlich), Innsbruck 1980. Franz Courth, Zur Theologie der eucharistischen Anbetung: Theologie und Glaube 71 (1981), 63–74. Johannes H. Emminghaus, Verehrung der Eucharistie außerhalb der Messe: Bibel und Liturgie 45 (1972), 207–233. Hans Bernhard Meyer, Eucharistie. Geschichte, Theologie, Pastoral: Gottesdienst der Kirche, Teil 4, Regensburg 1989. Otto Nußbaum, Die Aufbewahrung der Eucharistie (Theophaneia 29), Bonn 1979. Joseph Pascher, Der eucharistische Kult außerhalb der heiligen Messe: Wahrheit und Verkündigung. Michael Schmaus zum 70. Geburtstag. Band 2, Paderborn 1967, 1827–1864.

3 Justin, Erste Apologie 67 (3) nach: Meyer, Eucharistie 101 (Anm. 2).

4 Justin, Erste Apologie 67 (5) nach: Meyer, Eucharistie 101–102 (Anm. 2).

5 Didache 10,6 nach: Meyer, Eucharistie 92 (Anm. 2).
6 Hippolyt, Traditio Apostolica 21 nach: Meyer, Eucharistie 106 (Anm. 2).
7 Josef Andreas Jungmann, Missarum Sollemnia II, Wien [5]1962, 481–483.
8 Augustinus, Enarrationes in psalmos 98,9, in: Aurelius Augustinus, Über die Psalmen. Ausgewählt und übertragen von Hans Urs von Balthasar, Einsiedeln [2]1983, 204, sowie Nußbaum, Aufbewahrung der Eucharistie 104 (Anm. 2).
9 Nach: Jungmann, Missarum Sollemnia II, 469 (Anm. 7).
10 Vgl. Jungmann, Missarum Sollemnia II, 367–369 (Anm. 7). Nußbaum 103 (Anm. 2).
11 Nach: Adalbert Hamman, Gebete der ersten Christen, Düsseldorf 1963, 213–214.
12 Vgl. Jungmann, Missarum Sollemnia II, 486–487 (Anm. 7).
13 Vgl. Nußbaum, Aufbewahrung der Eucharistie 116 (Anm. 2). Jungmann, Eucharistische Frömmigkeit (Anm. 1).
14 Meyer, Eucharistie 580 (Anm. 2).
15 Vgl. Cornelißen, Eucharistieverehrung 21–23 (Anm. 2).
16 Hans Bernhard Meyer, Eucharistieverehrung: Lexikon für Theologie und Kirche. Band 3, Freiburg–Basel–Rom–Wien [3]1995, 964.
17 Alexander Gerken, Theologie der Eucharistie, München 1973, 102f.
18 Anton L. Mayer, Die Liturgie und der Geist der Gotik, in: ders., Die Liturgie in der europäischen Geistesgeschichte, Darmstadt 1971, 68–97, hier: 94.
19 Cornelißen, Eucharistieverehrung 38 (Anm. 2).
20 Nußbaum, Aufbewahrung der Eucharistie 123 (Anm. 2).
21 Ebd. 124.
22 Vgl. Ebd. 125–139. Browe, Verehrung der Eucharistie 26–49 (Anm. 2).
23 Meyer, Liturgie und der Geist der Gotik 95 (Anm. 18).
24 Browe, Verehrung der Eucharistie 50 (Anm. 2).
25 Ebd. 49.
26 Meyer, Eucharistie 233 (Anm. 2).
27 Nußbaum, Aufbewahrung der Eucharistie 122 (Anm. 2).
28 Vgl. Andreas Heinz, Fronleichnam: Lexikon für Theologie und Kirche. Band 4, Freiburg–Basel–Rom–Wien [3]1995, 172–174. Nußbaum, Aufbewahrung der Eucharistie 150–154 (Anm. 2). Browe, Verehrung der Eucharistie 71–88 (Anm. 2).
29 Nach: Browe 87.
30 Nach: Hermann Tüchle, Vom Gestaltwandel eucharistischer Frömmigkeit im 13. Jahrhundert, in: Theologie und Glaube 50 (1960), 433–445, hier: 444–445.
31 Vgl. Joseph Pascher, Das liturgische Jahr, München 1963, 270–271.
32 Browe, Verehrung der Eucharistie 22 (Anm. 2).
33 Vgl. ebd. 89–185.
34 Vgl. Andreas Heinz, Fronleichnam, II. Prozession: Lexikon für Theologie und Kirche. Band 4, Freiburg–Basel–Rom–Wien [3]1995, 173–174.
35 Theodor Schnitzler, Die erste Fronleichnamsprozession: Münchener Theologische Zeitschrift 24 (1973), 352–362, hier: 361.
36 Josef Andreas Jungmann zit: Heinz, Fronleichnam 174 (Anm. 34).

37 Ebd.

38 Vgl. Josef Andreas Jungmann, Die Andacht der vierzig Stunden und das Heilige Grab, in: ders., Liturgisches Erbe und pastorale Gegenwart, Innsbruck 1960, 295–315. Nußbaum, Aufbewahrung der Eucharistie 164–166 (Anm. 2).

39 Nußbaum ebd. 166.

40 Vgl. Hermann Tüchle, Von der Reformation zur Säkularisation. Geschichte der katholischen Kirche im Raum des späteren Bistums Rottenburg-Stuttgart, Ostfildern 1981,191.

41 Vgl. August Hagen, Geschichte der Diözese Rottenburg. Band 2, Stuttgart 1958, 238.

42 Vgl. Konzil von Trient, Dekret über die heiligste Eucharistie: »... als Speise eingesetzt« (»... ut sumatur, institutum«) (Denzinger-Schönmetzer Nr. 1643; Neuner-Roos Nr. 573).

43 Joseph Ratzinger, Eucharistie – Mitte der Kirche, München 1978, 62.

44 Meyer, Eucharistieverehrung 965 (Anm. 16).

45 Vgl. Instruktion über Feier und Verehrung der Eucharistie (1967) passim. Allgemeine Einführung in das Messbuch, Artikel 1.

# Formen der eucharistischen Verehrung

Die jüngste kirchenamtliche Äußerung zur Verehrung des Altarsakramentes findet sich im kirchlichen Gesetzbuch (1983), das wiederum fast wörtlich Formulierungen aus der römischen Instruktion »Die Feier und Verehrung des Geheimnisses der Eucharistie« (1967)[1] und aus dem erneuerten römischen Rituale »Kommunionspendung und Eucharistieverehrung außerhalb der Messe« (1973)[2] übernimmt.

## 1. Grundsatz

Der Codex des kanonischen Rechts formuliert in Can. 941 § 1 die grundsätzliche Möglichkeit der Aussetzung und Verehrung des Altarsakramentes:
»In Kirchen oder Kapellen, denen die Aufbewahrung der heiligsten Eucharistie zusteht, können Aussetzungen mit dem Ziborium oder mit der Monstranz vorgenommen werden; dabei sind die in den liturgischen Büchern vorgeschriebenen Normen zu beachten.«

## 2. Längere Aussetzung

Can. 942 spricht für Kirchen und Kapellen, in denen die Eucharistie aufbewahrt wird, die Empfehlung einer alljährlichen längeren Aussetzung aus:
»Es wird empfohlen, dass in diesen Kirchen und Kapellen alljährlich eine feierliche Aussetzung des Allerheiligsten erfolgt, die eine angemessene, wenn auch nicht zusammenhängende Zeit dauert, damit die örtliche Gemeinde das Geheimnis der Eucharistie tiefer bedenkt und verehrt; eine Aussetzung dieser Art darf aber nur vorgenommen werden, wenn die Versammlung einer angemessenen Zahl von Gläubigen zu erwarten ist; auch sind dabei die ergangenen Vorschriften zu beachten.«[3]
Der Codex gibt für die jährliche Aussetzung kein bestimmtes Zeitmaß mehr an. Der Gedanke einer ununterbrochenen »Ewigen Anbetung« wird nicht erwähnt. Vielmehr ist von einer »angemessenen, wenn auch nicht zusammenhängenden Zeit« die

Rede. Mehr wird zur Dauer der Aussetzung nicht gesagt. Es ist also denkbar, am Tag der Anbetung (wenn er auf einen Wochentag fällt) beispielsweise am Nachmittag und am Abend jeweils einige Betstunden anzusetzen. Die Abendstunden sind für eucharistische Gebetszeiten weithin noch nicht entdeckt.

Als Voraussetzung für die feierliche Verehrung der Eucharistie nennt der Codex »die Versammlung einer angemessenen Zahl von Gläubigen«. Bei der Festlegung der Betstunden ist der Lebens- und Arbeitsrhythmus der Gemeinde zu berücksichtigen. Die Bedeutung des Anbetungstages besteht nicht darin, »möglichst viele Stunden hindurch das Allerheiligste vor fast leeren Bänken feierlich auszusetzen, sondern vielmehr darin, in angemessenen Zeiten eine entsprechende Anzahl von Betern zu versammeln«[4].

Der Codex denkt pastoral, wenn er das Ziel der alljährlichen feierlichen Aussetzung des Allerheiligsten gemeindebezogen sieht und kurz und bündig so umschreibt: »... damit die örtliche Gemeinde das Geheimnis der Eucharistie tiefer bedenkt und verehrt«. Die Gemeinde lebt von der Eucharistie; die Eucharistie führt die Gemeinde zusammen, macht sie sichtbar und wirkt auf sie ein. Das Mysterium der Eucharistie ist der Lebensgrund einer jeden Gemeinde. Am jährlichen Tag der Anbetung wird sich die Gemeinde in Lob und Dank bewusst, wovon sie lebt, und sie neigt sich in Ehrfurcht vor dem, der ihr im Zeichen des Brotes Leben verheißt und schenkt.

## 3. Kurze Aussetzung

Neben der längeren Aussetzung des Allerheiligsten gibt es die kurze Aussetzung, etwa während einer Andacht. Sie ist »so zu gestalten, dass vor dem Segen mit dem heiligsten Sakrament eine angemessene Zeit für die Lesung des Wortes Gottes, für Gesänge, Gebete und für Zeiten stillen Gebetes vorgesehen wird«.[5]

## 4. Messfeier und eucharistische Verehrung

Bei beiden Formen der Aussetzung muss die Verehrung des heiligsten Sakramentes in ihrer Beziehung zur Messfeier deutlich werden. Die Messfeier ist Ursprung und Ziel der eucharistischen Verehrung. »In der äußeren Form vermeide man deshalb sorgfältig alles, was irgendwie die Tatsache verdunkeln könnte, dass es der vornehmliche Wunsch Christi bei der Einsetzung der heiligen Eucharistie war, sie uns als Speise, Heilmittel und Stärkung anzubieten.«[6]

Die Instruktion »Das Geheimnis der Eucharistie« spricht eine ausdrückliche Empfehlung der eucharistischen Verehrung aus: »Die private und öffentliche Verehrung des Altarsakramentes auch außerhalb der Messe ...wird von der Kirche warm empfohlen, weil das eucharistische Opfer Quelle und Höhepunkt des gesamten christlichen Lebens ist.«[7]

*Werner Groß*

## Anmerkungen

1 »Das Geheimnis der Eucharistie.« Instruktion »über Feier und Verehrung des Geheimnisses der Eucharistie« (25. Mai 1967): Heinrich Rennings (Hg.), Dokumente zur Erneuerung der Liturgie. Band I, Kevelaer 1983, 458–498.

2 Editio typica: De sacra communione et de cultu mysterii eucharistici extra missam. 1973. Deutsche Studienausgabe: Kommunionspendung und Eucharistieverehrung außerhalb der Messe, Einsiedeln–Zürich und Freiburg–Wien 1976. Vgl. Liturgische Kommission für Österreich, »Dieses Brot sollst du erheben ...«. Kommunionempfang und eucharistische Andachtsformen, Salzburg [2]1997.

3 Vgl. Adalbert Mayer, Die Eucharistie: Joseph Listl u. a. (Hg.), Handbuch des katholischen Kirchenrechts, Regensburg 1983, 688.

4 Ferdinand Pratzner, Anbeten und betrachten. Zur Entwicklung und Bedeutung der Anbetungstage: Gottesdienst 17 (1983), 137–139. 143, hier: 138.

5 Kommunionspendung und Eucharistieverehrung, Art. 89 (Anm. 2).

6 Ebd. Art. 82.

7 Instruktion »Das Geheimnis der Eucharistie«, Art. 58 (Anm. 1).

# *Die Feier des Fronleichnamsfestes*

# FORMEN DER FRONLEICHNAMSFEIER

Die Geschichte des Fronleichnamsfestes kennt zwei Grundformen der Feier, die nach wie vor in den Gemeinden je nach den örtlichen Gegebenheiten praktiziert werden.[1]

## FRONLEICHNAMSFEIER MIT STATIONEN

- Prozession mit vier Stationen
  Vor allem in katholischen Gebieten wird diese Form gepflegt. Sie ist nördlich der Alpen entstanden und orientierte sich an den weit verbreiteten Bittprozessionen mit vier Stationen und der Verkündigung der vier Anfänge der Evangelien.
- Prozession mit einer Station
  In anderen Gegenden wird eine Form der Prozession gepflegt, die nur eine Station kennt. Diese Fronleichnamsfeier übernimmt eine ältere Tradition, die bis in die Gegenwart auch in der Stadt Rom üblich ist.

## FRONLEICHNAMSFEIER OHNE PROZESSION

Wo eine Fronleichnamsprozession nicht angebracht oder nicht möglich erscheint, konzentriert sich die Feier auf die Festmesse. Im Grunde ist diese Form der Fronleichnamsfeier die älteste und ursprünglichste. Die Prozession kam erst später hinzu.

Heutzutage haben sich zwei Alternativen herausgebildet:

- Festliche Gemeindemesse in der Kirche.
- Gemeinsame Messfeier mehrerer benachbarter Gemeinden einer Stadt oder eines Pfarrverbandes in einer Kirche oder im Freien. Der Messfeier kann eine Sternprozession vorangehen. Die Gemeinden sammeln sich an verschiedenen Treffpunkten, lassen sich in einer Statio einstimmen und ziehen in Prozessionen zu dem Ort, wo die Eucharistie gefeiert wird.

## Anmerkung

1 Vgl. zu den Abschnitten: »Formen der Fronleichnamsfeier« – »Die Messfeier« – »Die Prozession« – »Eucharistische Verehrung anstelle der Prozession«:

- Die Feier des Fronleichnamsfestes und der Bitttage. Herausgegeben im Auftrag der Berliner Bischofskonferenz von der Liturgiekommission der Berliner Bischofskonferenz, Leipzig 1992.
- Das Geheimnis lasst uns künden. Die Feier des Fronleichnamsfestes, Regensburg 1996.
- Josef Seuffert, Kommt, wir beten an. Werkbuch zur Eucharistieverehrung, Freiburg–Basel–Wien 1985.

# DIE MESSFEIER

Die Eucharistiefeier ist der geschichtliche Ausgangspunkt und der bleibende Mittelpunkt des Fronleichnamsfestes. Daraus ergeben sich drei grundlegende Empfehlungen:

- Die Gemeinde versammelt sich zu einer großen gemeinsamen Eucharistiefeier.
- Die Eucharistiefeier wird so festlich wie möglich begangen.
- Die verschiedenen Gruppierungen der Gemeinde beteiligen sich an der Vorbereitung und Gestaltung der Feier.

## MESSFEIER OHNE PROZESSION

Wo eine Prozession nicht gehalten werden kann, verdienen verschiedene Teile der Eucharistiefeier eine festliche Entfaltung.

Das gilt zunächst für die »Prozessionen« innerhalb der Messfeier:

- Einzugsprozession, an der sich alle beteiligen, die in der Messfeier einen besonderen Dienst ausüben. Mitgetragen werden Vortragskreuz, Leuchter, Rauchfass, Evangeliar oder Lektionar.
- Evangelienprozession. Außer dem Ministerium können auch Kinder mitgehen, die dann den Ambo in einem Kreis oder Halbkreis umstehen.
- Gabenprozession. Mit Brot und Wein für die Eucharistiefeier können auch Altarleuchter und Blumenschmuck sowie zeichenhafte Gaben zum Altar getragen werden.
- Kommuniongang, dessen festlicher Akzent in allgemein bekannten Liedern und Wechselgesängen sowie in entsprechender Instrumentalmusik zum Ausdruck kommt.

Außerdem sind folgende Möglichkeiten einer festlichen Gestaltung erwägenswert:

- In die Fürbitten können auch jene Anliegen aufgenommen werden, die sonst an den Stationen der Prozession vorgetragen werden.

- Das Eucharistische Hochgebet, in dem die ganze Feier »ihre Mitte und ihren Höhepunkt« erreicht (AEM 54), sollte in den entsprechenden Teilen kantilliert werden.
- Der Friedensgruß, der die Eucharistie als Sakrament der Einheit und des Friedens kennzeichnet, gewinnt in der Fronleichnamsmesse eine besondere Bedeutung.
- Die Brechung des einen Brotes sollte in der Vorbereitung eigens bedacht und entsprechend ihres tiefen Sinns für das Verständnis der Eucharistie würdig und ausdrucksvoll vollzogen werden.
- »Ihre volle Zeichenhaftigkeit gewinnt die Kommunion, wenn sie unter beiden Gestalten gereicht wird« (AEM 240). Wenn die Zahl der Mitfeiernden nicht zu groß ist, sollte gerade am Hochfest des Leibes und Blutes Christi die Kommunion unter den Gestalten des Brotes und Weines gereicht werden. Andernfalls kann ein Teil der Gemeinde die Kelchkommunion empfangen (zum Beispiel: liturgische Dienste, Verantwortliche in der Gemeinde, ehrenamtliche Mitarbeiter und Mitarbeiterinnen).
- Wo die Messfeier ohne Prozession stattfindet, soll die Feier ausklingen in einer dem Fest angemessenen eucharistischen Verehrung: mit Anbetung vor ausgesetztem Allerheiligsten in Gesang, Stille und Gebet sowie mit sakramentalem Segen. Für diese eucharistische Verehrung wird in der Messfeier eine zweite Hostie konsekriert.

## MESSFEIER MIT PROZESSION

Wo auf die Messfeier die Prozession unmittelbar folgt, kann der eine oder andere oben angesprochene Vorschlag aufgegriffen werden, um die Festlichkeit der Eucharistiefeier hervorzuheben.

- Das Allgemeine Gebet kann im Hinblick auf die Fürbitten an den Stationen der Prozession entfallen.
- Für die Prozession wird eine zweite Hostie konsekriert, die nach dem Schlussgebet der Messfeier in die Monstranz eingesetzt wird.

Die Messfeier am Fronleichnamsfest, ob sie mit oder ohne Prozession begangen wird, kann mit dem Überbringen der Krankenkommunion verbunden werden. Am Ende der Feier werden die Kommunionhelfer und -helferinnen mit der eucharistischen Speise zu den Kranken ausgesandt. Die Fronleichnamsfeier erfährt in den Krankenzimmern gewissermaßen ihre Verlängerung und bezieht die alten und kranken Gemeindemitglieder ausdrücklich in das Fest mit ein.

# PREDIGTEN

## Essen dürfen und schlucken müssen

Joh 6,51–58 – Lesejahr A

Nach dem Bußgottesdienst im Spital haben ein paar der Senioren gesagt: »Heute war kein schöner Gottesdienst!« – »Ja, warum denn nicht, wo doch alles so gut vorbereitet war?« Und die Antwort: »Es hat nichts gegeben. Die Kommunion hat gefehlt.« Selbstverständlich gehört zur Bußfeier keine Kommunion. Aber für die Alten war es kein Gottesdienst, weil das Essen gefehlt hat. Man kann darüber schmunzeln, man muss darüber nachdenken.

### Lebendiges Verlangen nach dem Essen

Dieses Empfinden: »Es hat nichts gegeben«, hat doch eine sehr tiefe Bedeutung. Menschen, die kaum mehr etwas hören können, Menschen, die kaum mehr etwas sehen können, Menschen, die fast oder gar nichts mehr mitkriegen – für solche Menschen ist das Essen eine ganz wichtige Erfahrung der Zuwendung. Alle Menschen wissen, auch wenn sie in ihren intellektuellen Fähigkeiten schon ganz abgebaut sind, dass das Essen gut tut; und dass es dort, wo man etwas zum Essen bekommt, gut ist. Vielleicht hört ja unser Leben so auf, wie es angefangen hat: im Schreien der Säuglinge nach dem Essen. Im Verlangen der Alten nach dem Essen. Botho Strauß schreibt über die letzte Begegnung mit seiner sterbenden Tante:

»Es war schon das angehaltene, das End-Gesicht, das keine Bewegung der Seele mehr wiedergab. Es war keine Unterhaltung mehr möglich. Den Lippen entschlüpfte hie und da ohne Anlass eine Silbe der Artigkeit ... ›Ja. Danke.‹ Und zuletzt die Frage aller Tage: ›Was gibt es denn zu essen?‹ Sie war nicht mehr bei Bewusstsein. Aber was mochte sich alles noch rühren unter der starren Haut, mit der der Tod ihr Gesicht schon überzogen hatte?« (Aus: Botho Strauß, Die Fehler des Kopisten, München 1997, 148)

## Zeichen der bleibenden Verbundenheit mit Christus

Das Zeichen der größten Nähe Gottes, der bleibenden Verbundenheit mit Christus, ist das Essen. Welch ein Glück, essen zu können! Es kann ja sein, dass uns alle Gedanken an Gott und alle Gefühle des Glaubens verloren gehen, auch wenn das so ist, weiß unser Körper, dass essen gut tut. Und der Körper weiß: Wer essen kann, der ist noch lebendig! Jesus hat ein Zeichen der Verbundenheit gewählt, das jeder Mensch erfahren kann, weil jeder Mund, jeder Schlund und jeder Magen nach Essen und Trinken verlangt.
Die Rede Jesu von »seinem Fleisch« und »seinem Blut« klingt für uns eher befremdlich, vielleicht sogar abstoßend. Der Gedanke, Fleisch und Blut eines Menschen zu essen und zu trinken, erregt Ekel in uns. Wir dürfen uns an der Sprache nicht stoßen. Christus verleibt sich meinem Leib ein – im Empfang der Eucharistie – und er beseelt meine Seele. Und umgekehrt: Wir sind seinem Leib einverleibt und in seinem Geist beseelt. »Wer mich isst, wird durch mich leben« – so knapp ist die Verbindung zwischen Christus und uns beschrieben. Wenn uns die Begriffe auch schwer fallen, die Erfahrung, im Essen das Leben zu gewinnen, ist jedem Menschen vertraut – so vertraut wie einem Säugling, der die Begriffe von Essen und Trinken noch gar nicht kennt; und so vertraut wie einem alten Menschen, der die Begriffe vergessen hat und dennoch von derselben Erfahrung zehrt.

## Brot und Wein

Jesus hat das Brot genommen. Brot ist keine einfache Speise. Denken wir nur daran, wie viel Arbeitsgänge notwendig sind, bis wir – angefangen vom Säen des Korns – endlich das frische Brot auf dem Tisch liegen haben. Brot ist vielleicht die selbstverständlichste Speise, das Notwendige, das zum Leben reicht. An dieses Notwendige hat Jesus seine Gegenwart gebunden.
Der Wein gehört schon zu den Luxusgütern. Der Wein ist die Zugabe, die über das Notwendige hinausgeht und das Überflüssige bezeichnet. Das Leben kann auf Dauer nicht nur am Notwendigen hängen, das gute Leben braucht den Überfluss und der Wein ist die überflüssige Zugabe der Freude.
Wir schlucken Brot und Wein und unser Leib schöpft daraus Kraft. Wir nehmen Brot und Wein und unsere Seele darf darin

die Kraft der Gegenwart des Herrn erfahren. Es ist etwas Wunderbares, dass wir essen können, dass wir Brot und Wein schmecken, dass wir es schlucken können und der Hunger aufhört.
Es ist eine Unmenge an Nahrungsmitteln, die wir Menschen ein Leben lang schlucken und vertilgen – an fester und flüssiger Nahrung. Es ist vielleicht noch mehr, was wir Menschen ein Leben lang schlucken müssen im übertragenen Sinn und woran wir schwer zu kauen haben: Unrecht, Lieblosigkeit, Ablehnung, Hass, Vorbehalte, Vorurteile, Benachteiligungen, böse Worte und vieles mehr. Es gibt viel Schönes, das wir gerne zu uns nehmen. Es gibt viel Hässliches, das wir ungefragt schlucken müssen.
Zu allem, was wir verkosten, und zu allem, an dem wir schwer schlucken, nehmen wir das Brot und den Wein Jesu – damit unser Leben bis in den Tod mit seinem Leben verbunden ist. Und damit uns aus allem, was wir verkosten dürfen oder schlucken müssen, sein Heil erwächst.

*Anton Seeberger*

# Die Eucharistie – vom Herrn empfangen

Mk 14,12–16.22–26 – Lesejahr B

Fronleichnam ist die festliche Geburtstagsfeier des Abendmahles Jesu. Dieses Abschiedsmahl Jesu von seinen Jüngern vor seinem Tod fiel zeitgleich zusammen mit dem jüdischen Paschafest. Alle vier Evangelien berichten von diesem Mahl. In ihm hat sich der gekreuzigte und auferstandene Herr gleichsam verewigt. Deshalb konnte Paulus an die Christen in Korinth schreiben: »Ich habe vom Herrn (dieses Mahl) empfangen, was ich euch überliefert habe« (1 Kor 11,23).
Großen Festen gehen Vorbereitungen voraus. Auch Jesus schickte Jünger voraus, die Paschafeier und das anschließende Abschiedsmahl vorzubereiten. Fleißige Hände waren am Werk, damit der heutige Fronleichnamstag stattfinden kann. Letztlich soll ihr Planen und Sorgen der Mitte dieses Fronleichnamstages zukommen: der festlichen Eucharistiefeier, wie wir das Abendmahl Jesu heute nennen. Obwohl wir Sonntag für Sonntag diesen Gottesdienst feiern – in manchen Gemeinden ist das freilich nicht mehr der Fall –, ist es sinnvoll, wenn wir uns über diesen zentralen Gottesdienst der katholischen Kirche einige Gedanken machen.

## Die Eucharistiefeier ist ein Tun

Feste gelingen, wenn sich Gastgeber und Gäste auf ihre Weise einbringen. Die Eucharistiefeier steht und fällt mit dem Engagement der Gemeinde. Der Mitvollzug ist gefragt. Nicht passives Über-sich-ergehen-Lassen. Vielmehr: sich einstellen auf das heilige Geschehen, indem wir vortragen und zuhören; mitbeten und mitsingen; die entsprechenden Körperhaltungen einnehmen: stehen, knien, sitzen; unser Innerstes öffnen; die Hände offen halten für den Empfang des Herrenleibes und des Friedensgrußes durch die anderen Mitfeiernden. Über all dem dürfen wir nicht vergessen, dass der eigentlich Handelnde Jesus Christus ist. Er ist es, der uns anspricht beim Lesen der Heiligen Schriften. Er ist es, der die Danksagung spricht, das Brot bricht und es uns reicht als seinen Leib und den Kelch als sein Blut. Damit meint er sich selbst: Ich schenke mich dir; ich nehme Wohnung bei dir; ich will in bleibender Lebens- und Liebesgemeinschaft mit dir sein.

Intensiver kann das nicht ausgedrückt werden als durch Essen und Trinken. Die Eucharistiefeier der Gemeinde ist ein Tun. Jesus handelt an uns. Wir tun das Unsere, damit dieser Gottesdienst gelinge.

Die Eucharistiefeier ist geworden

Die Eucharistie- oder Messfeier ist so alt wie die Christenheit. Das ist beeindruckend und spricht für ihren Stellenwert im Glauben der Kirche. Natürlich hat der Gottesdienst des Abendmahles bis zur heutigen Messfeier eine Entwicklung durchgemacht, die noch nicht abgeschlossen ist. Denn die Liturgie der Kirche ist *gewordene* Liturgie. Doch die Grundgestalt, auf die es ankommt, ist geblieben: das Mahl. Dessen Mitte sind die uns vertrauten Deuteworte Jesu: »Das ist mein Leib« – hingegeben für euch; »das ist mein Blut« – vergossen für euch. Der Opfertod Jesu am Kreuz wird in Erinnerung gebracht. Die Grundhaltung Jesu, seine Hingabe an den Vater, soll auch die Grundhaltung der Mitfeiernden sein und werden.
Uns alle muss beunruhigen, dass in vielen Gemeinden wegen des Priestermangels keine Messfeiern mehr stattfinden. Ist doch dieser Gottesdienst das Kennzeichen des Sonntags, der als erster Tag der Woche an den Tod und die Auferstehung unseres Herrn erinnert. Christen haben einen Anspruch auf die Eucharistiefeier. Dass sie stattfindet, ist der Garant lebendiger Überlieferung. Wenn sie ausfällt, gerät sie in die Zone des Vergessens und der Zweitrangigkeit. Auf einmal stehen wir nicht mehr im Traditionsfluss des Apostels Paulus: »Ich habe vom Herrn empfangen, was ich euch überliefert habe« (1 Kor 11,23). Sicher, »priesterlose« Gemeinden werden angehalten, zu Wortgottesdiensten mit Kommunionempfang sich zu versammeln, damit Kirchenerfahrung erhalten bleibt. Für die Ökumene, die sich im Herrenmahl wieder finden soll, ist diese Entwicklung bedenklich.
Kein Fest unterstreicht die Bedeutung des Abendmahles Jesu so sehr wie Fronleichnam. Öffentlich bezeugt und verkündet dieser Tag die Gegenwart Gottes unter den Menschen nicht nur im biblischen Wort, sondern auch und zumal im Mahl – im Essen und Trinken von Brot und Wein. Ein Verzicht käme einem Verrat am Vermächtnis des Herrn gleich. So bleibt am heutigen Tag die Bitte: Herr, bleibe bei uns!

*Heribert Feifel*

# Das Innerste nach außen

Lk 9,10–17 – Lesejahr C

Sie kommen zurück ...

von ihren unterschiedlichen Wegen, aus erfreulichen oder enttäuschenden Erlebnissen und Begegnungen, die zwölf Apostel. Und sie möchten mit Jesus allein sein: Sie möchten loswerden, was sie erlebt haben, möchten erzählen und mitteilen, ja, sich wohl auch ausweinen und schimpfen über ihre Erfolglosigkeit und die Verschlossenheit oder Interesselosigkeit der Menschen. Endlich sich erholen beim Freund und Meister, reden und hören im vertrauten Kreis. Jesus weiß um dieses Bedürfnis. Er weiß, dass seine Apostel zu ihm zurückkehren und Kraft schöpfen müssen. Fraglos anerkennt er ihr Bedürfnis nach Atemholen, nach heilsamer Ruhe und ermutigender Nähe bei ihm.

Auch uns tut solche Erholung not, ...

körperlich, geistig und geistlich: in der Stille, weg vom Rummel und der Hektik unserer Arbeitstage beim Herrn einkehren, durchatmen und aufatmen, alles los- und hinter uns lassen, uns selbst wieder finden bei ihm. Das suchen und brauchen wir in unserer sonntäglichen Eucharistiefeier: ungestörte Gemeinschaft mit Jesus, aus der wir Kraft schöpfen können, Glaube und Hoffnung. Warum aber kehrt sich dann dieses wichtige, intime Beim-Herrn-Sein heute am Fronleichnamsfest so sehr nach außen? Warum setzen wir unsere Gemeinschaft mit ihm so vielen Störungen aus beim Gottesdienst unter freiem Himmel und nachher bei der Prozession? Da lärmen Auto- und Motorradmotoren in die Stille, da bellen Hunde in die Besinnung, da schlagen Türen, dröhnen wabernde Bassklänge aus irgendeinem Lautsprecher herüber und womöglich heult ein Martinshorn! Der Marktplatz, die offene Straße kann kein Ort der Stille sein. Da drängen naturgemäß vielerlei Geräusche und Bewegungen in unser Bedürfnis nach Ruhe und Sammlung und erinnern uns schon wieder an unsere Aufgaben; da nehmen uns sofort wieder die alltäglichen, gewöhnlichen Gedanken in Beschlag, schrecken schrille Signale der Not und des Unglücks auf.

Das ist die Situation unseres Evangeliums

Jesus zieht sich mit seinen Freunden zurück, »um mit ihnen allein zu sein. Aber die Leute erfuhren davon und folgten ihm« (Lk 9,10–11). Diese Plagegeister! Darf man denn nicht einmal für ein paar Stunden seine wohlverdiente Ruhe haben? Weg von allem? Müssen sie einem denn auf Schritt und Tritt auf die Pelle rücken?
Halt! Bevor wir uns mit dem Unmut der Jünger allzu sehr solidarisieren und uns aufs Schimpfen einlassen, sollten wir das Evangelium noch einmal hören: Jesus »empfing sie freundlich« (Lk 9,11). Er heißt die Herandrängenden willkommen! Die Störung hat Vorrang! Mensch, Welt, Wirklichkeit dürfen in den intimen Innenraum Jesu und seiner Freunde hinein. Leid und Not, Fragen und Hilferufe: Jesus lässt das alles nicht nur zu, er lässt sich freundlich darauf ein!

Aber die Apostel fühlen sich gestört

Sie benutzen die nahe liegende Sorge – woher an einem abgelegenen Ort Verpflegung nehmen und ein Dach über den Kopf –, um die Störenden loszuwerden: »Schick die Menschen weg, damit sie in die umliegenden Dörfer und Gehöfte gehen, dort Unterkunft finden und etwas zu essen bekommen« (Lk 9,12). Das meint wohl stillschweigend weitergedacht: »Damit wir endlich unter uns sind!«
Doch das geht nicht: Freude und Hoffnung, Trauer und Angst der Menschen sind auch Freude und Hoffnung, Trauer und Angst der Jünger Christi; derer, die mit ihm zusammen sein wollen. Mit Jesus Gemeinschaft haben wollen, setzt Bereitschaft zur Offenheit für das voraus, was von außen Hilfe suchend hereindrängt. Offen sein für die bedürftige Wirklichkeit, für das suchende Leben gehört untrennbar zur Freundschaft mit dem Herrn.

Schauen wir nach dem Wunderbaren …

der Brot- und Fischvermehrung: Die ungeordnet ankommenden Menschen, ihre unterschiedlichsten Nöte, ihre zur Unzeit gestellten Fragen, ihre jetzt unpassenden Sorgen und Herausforde-

rungen, das alles offenbart nicht nur Ratlosigkeit und Hilflosigkeit der Apostel damals und einer Kirche heute, die ebenso wenig für alles fertige Antworten und Lösungen parat hat. Das alles offenbart auch, dass es seinen beängstigenden Charakter verliert, wenn es nur angenommen ist und sein darf. Das von außen hereindringende Chaos verhindert das erfüllende Erleben Jesu nicht, es führt mitten hinein in ein beglückendes Fest, wo das Eigentlichste Jesu erlebt wird: seine Heil- und Nährkraft.
Wo wäre das Wunderbare dieser Speisung, wenn nicht zuvor die Wirklichkeit des Lebens, Freude und Not, hinzukämen. Wo zeigt sich die Tiefe der Wandlung, die Mitte des Gottesdienstes, das Zentrum der Eucharistie, wenn wir nicht das ganze Leben hereinlassen, das verwandelt werden soll, alle und alles, das Gottes Heilung und Nahrung notwendig hat.
Es entsteht keine wirkliche Gemeinschaft, keine stärkende Nähe zum Herrn, es bleibt nichts übrig, um in Körbe zu sammeln, nichts zum Mitnehmen, wenn wir nicht auch die und das zulassen, womit wir zunächst nichts zu tun haben oder haben wollen.

Fronleichnam will das heillos Gestörte und Störende …

in unsere Mitte hereinholen, in unsere Begegnung mit dem Herrn, in unser Gemeindeleben, das sich um den lebendigen Herrn herum abspielt. Wir dürfen es nicht ausklammern, ausschließen hinter einem großen »Bitte-nicht-stören«-Schild. Jesus »empfing sie freundlich, redete zu ihnen vom Reich Gottes und heilte alle, die seine Hilfe brauchten« (Lk 9,11). Ja, selbst die radikalsten Störungen unseres Lebens gehören hierher in die Eucharistie, in die Feier des Todes und der Auferstehung unseres Herrn, der Erlösung und des Neuen Bundes mit Gott: die Sünde und der Tod.

Wenn wir heute ein frommes Spektakel …

demonstrieren oder uns nur in eine bergende Zweisamkeit mit Jesus verschließen wollten, verfehlten wir nicht nur den Kern dieses Festes, wir verfehlten vor allem die Möglichkeiten unseres Glaubens.
Es liegt an uns, ob wir unsere Gemeinde und uns selbst öffnen, ob wir weltoffen alles in unser Treffen mit dem Herrn hereinlas-

sen, was seiner Erlösung bedarf: Leid, Streit, Sorgen, Unsicherheiten, Krankheit, Trauer, Ärger, Versagen, Behinderungen, alles das gehört hierher und mitten in unsere Feier hinein.
Es liegt an uns, ob wir in dem gewandelten Brot und dem gewandelten Wein die Wirklichkeit annehmen, die unser Leben verwandeln kann. Es liegt an uns, ob wir alles, was sich aus unseren Herzen und den Herzen unserer Mitmenschen an Not und Elend herausschreit, in dieses Mahl mit dem Herrn einfließen lassen, um dann aus diesem Mahl heraus die vergebende Liebe in unser ganzes Leben und all die gestörten Verhältnisse hinausströmen lassen zu können. Dann bleibt Wandlung nicht auf einen kirchlichen Innenraum und auch nicht auf unser Herz beschränkt. Dann verwandelt sie Menschen und Welt.

Zuerst wehren sich die Apostel ...

gegen so viel Offenheit und ich glaube, sie spiegeln damit viel von unseren Vorbehalten und Ängsten wider, von unserer latenten Versuchung, uns zu verschließen.
»Gebt ihr ihnen zu essen« (Lk 9,13), diese Aufforderung Jesu, so denken sie, verlagert doch die Not nur auf ihre Schultern. Aber dann lassen sie sich doch auf Jesu Offenheit ein. Dann machen sie sich die Anliegen der Menschen doch zu Eigen. Und da geschieht das Wunder: Sie bekommen mehr als Erholung. Jetzt bekommen sie Nahrung, Lebensnahrung, so viel, dass noch andere durch sie satt werden, durch das, was sie von Jesus bekommen und austeilen können. Weil sie zulassen, dass alle und alles zu Jesus kommt und nicht nur sie mit ihren Erlebnissen und Nöten, und weil sie bereit sind, weiterzugeben, was sie erhalten, ist das Zusammensein mit Jesus nicht nur schön, nicht nur herzerwärmend, sondern wirklich nahrhaft und stärkend für sie selbst und andere.

Es diesen Aposteln gleichzutun, ...

dazu will uns Fronleichnam ermuntern. Nicht Demonstration: »Schaut mal her, was wir Tolles haben«, meint Fronleichnam, und nicht privatselige Jesusbegegnung: »Wenn ich an der Brust Jesu liege, kann mich die ganze Welt.« Nein: Öffnung unseres Innersten, unseres schönsten Geschenkes für den Durst und den

Hunger, für die Heillosigkeit der Welt. Denn wir glauben, dass nur aus dieser Liebe, an die wir in der Eucharistie erinnern, dass nur aus dieser Liebe heraus Versöhnung geschieht und erlebbar wird; denn wir glauben, dass nur aus dieser Glaubens- und Hoffnungsquelle heraus das Chaotische, das Heillose seinen bedrohenden Charakter verliert; dass mit dieser Nahrung – Leib und Blut Christi – Sünde und Tod ihre lähmende Macht einbüßen. Darum setzen wir uns heute mit unserem Herrn aus: der Welt und ihrem ganzen Unheil.

*Clemens Stroppel*

# DIE PROZESSION

Die Spannung von innen und außen prägt die Fronleichnamsfeier. Was jahraus, jahrein, zumal an Sonn- und Festtagen, im Innenraum der Kirche geschieht, hat Bedeutung für die Außenwelt. Deshalb geht die feiernde Gemeinde am Fronleichnamsfest in die Öffentlichkeit. Dieses grundlegende Feiermotiv soll der Gemeinde in der Predigt oder in einem kurzen mystagogischen Hinweis unmittelbar vor der Prozession vermittelt werden, beispielsweise auf folgende Weise:

- »Die Kirche lässt ihren Lobpreis und Dank auch in die Welt hinaus klingen, weil Anlass und Inhalt der Eucharistiefeier – Leben, Sterben und Auferstehung Christi – bedeutungsvoll für die ganze Welt sind.
- Der Segen Gottes, der die Gaben und jene, die sie empfangen, heiligt, soll durch deren Gebet und Leben zum Segen für die Welt werden.
- Die Prozession drückt aus, dass die Verbundenheit mit Christus auch in das Alltagsleben mitgeht und dass seine heilbringende Nähe allen Menschen angeboten wird.
- In der Prozession kommt die vermittelnde Berufung und Aufgabe der Gemeinde zum Ausdruck: Sie bringt Christus der Welt und trägt deren Anliegen zu ihm.
- Die ›kleine Herde‹ geht zeichenhaft ihren Pilgerweg in der Kraft des Gotteswortes und der eucharistischen Speise von Station zu Station, von Sonntag zu Sonntag, bis zum endzeitlichen Hochzeitsmahl.«[1]

Die Gemeinde macht sich an Fronleichnam auf den Weg. Daher ist das typische Zeichen dieses Festes der Umgang, der Zug, der im Blick auf die Gegenwart des Herrn in der Gestalt des Brotes zum Festzug wird. Es gibt keine Vorschrift, wie oft unterwegs Station gemacht wird, um den Segen zu erteilen. Die Tradition kennt vier Stationen oder eine, die Praxis hat außerdem Varianten entwickelt. Auf jeden Fall gehört zur Fronleichnamsprozession der feierliche sakramentale Segen.

Die Tradition der Liturgie und des Brauchtums ist reich an festlichen Elementen, die der Prozession ihr unverkennbares Gesicht und Gepräge geben. Alles, was Ausdruck des Glaubens und der Verehrung sein kann, alles, was zum festlichen Glanz der Feier beitragen kann, hat Platz und Raum in der Prozession und sollte nicht leichtfertig aufgegeben werden.
Die Festlichkeit der Prozession wird durch Musik und Gesang gesteigert. Zur Prozession gehört unverzichtbar der Gesang. Der typische Prozessionsgesang ist die Litanei. Sie erleichtert die Beteiligung der Gemeinde, die auf die wechselnden Rufe der Vorsänger und Vorsängerinnen antwortet. Die Lieder sollten nach der Singbarkeit beim Gehen ausgewählt werden.
Eine Lautsprecheranlage entlang dem Prozessionsweg ermöglicht die Einfügung von Texten zur Besinnung, zum Gebet und nicht zuletzt zum wechselweisen Beten.
An den Stationen wird ein Wortgottesdienst gefeiert, der in der vorliegenden Handreichung folgenden Aufbau hat:

- Gesang
- Evangelium
- Lobpreis
- Fürbitten
- Sakramentaler Segen

Die Verkündigung der Frohen Botschaft weckt als Antwort den Lobpreis und die Fürbitte. Wort und Antwort werden zusammengefasst im Segen.
Nach der letzten Station sind verschiedene Varianten denkbar, um die Prozession abzuschließen[2]:

- Variante 1: Die letzte Station stellt den Abschluss dar. Nach dem Segen wird die Hostie in der Pyxis reponiert und zum Tabernakel gebracht. Nur das Ministerium zieht mit dem Allerheiligsten in die Kirche. Die Gemeinde singt währenddessen das Schlusslied, meist »Großer Gott, wir loben dich« (GL 257 mit ausgewählten Strophen).
- Variante 2: Die Prozession zieht gemeinsam von der letzten Station zur Kirche. Dort erfolgt die Reposition des Allerheiligsten. Das Schlusslied der Gemeinde beendet die Feier.

## Anmerkungen

1 Die Feier des Fronleichnamsfestes und der Bitttage. Herausgegeben im Auftrag der Berliner Bischofskonferenz von der Liturgiekommission der Berliner Bischofskonferenz, Leipzig 1992, 17.
2 Vgl. ebd. 39.

# Prozession mit vier Stationen

## ERSTE STATION

### Für die Kirche und für alle, die an Christus glauben

Eucharistischer Gesang

Das Evangelium kann mit einem gesungenen Halleluja (V/A) eingeleitet und beschlossen werden.

Evangelium (Mt 28,16–20)

D Der Herr sei mit euch.
A Und mit deinem Geiste.
D Aus dem heiligen Evangelium nach Matthäus.
A Ehre sei dir, o Herr.

In jener Zeit gingen die elf Jünger nach Galiläa auf den Berg, den Jesus ihnen genannt hatte. Uns als sie Jesus sahen, fielen sie vor ihm nieder. Einige aber hatten Zweifel. Da trat Jesus auf sie zu und sagte zu ihnen: Mir ist alle Macht gegeben im Himmel und auf der Erde. Darum geht zu allen Völkern und macht alle Menschen zu meinen Jüngern; tauft sie auf den Namen des Vaters und des Sohnes und des Heiligen Geistes und lehrt sie, alles zu befolgen, was ich euch geboten habe. Seid gewiss: Ich bin bei euch alle Tage bis zum Ende der Welt.

Lobpreisungen

P Lasst uns unseren Herrn Jesus Christus preisen:
V Jesus, du Künder des Evangeliums

V Du Freund der Armen
V Du Vorbild der Barmherzigen

V Du Bote des Friedens
V Du guter Hirt deines Volkes

Fürbitten

P Unser Gott ist voll Erbarmen. Wir rufen ihn an für seine Kirche in der ganzen Welt und für alle, die an Christus glauben:

V Erfülle die Sehnsucht der Menschen, die nach dir Ausschau halten.

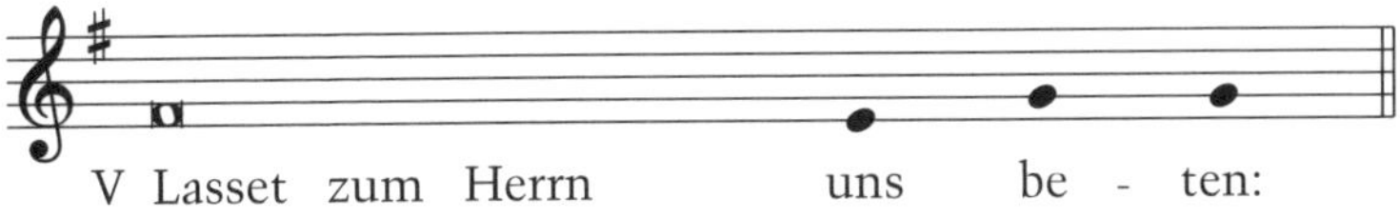

V Schenke deine hilfreiche Nähe allen, die ihr Vertrauen auf dich setzen.

V Mache deine Kirche auf der ganzen Erde zu einem Zeichen deiner Gegenwart und Liebe.

V Stärke mit der Kraft deines Geistes alle, die im Dienst der Kirche stehen.

V Führe die getrennte Christenheit zur Einheit und Eintracht.

P Gott und Vater, gedenke deiner Kirche. Erlöse sie von allem Bösen. Mach sie vollkommen in deiner Liebe und führe sie zusammen von allen Enden der Erde in dein Reich, das du ihr bereitet hast. Dein ist die Ehre in Ewigkeit. Amen.

Sakramentaler Segen

## ZWEITE STATION

### Für unser Volk und die Völker der Erde

Eucharistischer Gesang

Das Evangelium kann mit einem gesungenen Halleluja (V/A) eingeleitet und beschlossen werden.

Evangelium (Mk 12,28b–34b)

D Der Herr sei mit euch.
A Und mit deinem Geiste.
D ✝ Aus dem heiligen Evangelium nach Markus.
A Ehre sei dir, o Herr.

In jener Zeit ging ein Schriftgelehrter zu Jesus hin und fragte ihn: Welches Gebot ist das erste von allen? Jesus antwortete: Das erste ist: Höre, Israel, der Herr, unser Gott, ist der einzige Herr. Darum sollst du den Herrn, deinen Gott, lieben mit ganzem Herzen und ganzer Seele, mit all deinen Gedanken und all deiner Kraft. Als Zweites kommt hinzu: Du sollst deinen Nächsten lieben wie dich selbst. Kein anderes Gebot ist größer als diese beiden. Da sagte der Schriftgelehrte zu ihm: Sehr gut, Meister! Ganz richtig hast du gesagt: Er allein ist der Herr und es gibt keinen anderen außer ihm und ihn mit ganzem Herzen, ganzem Verstand und ganzer Kraft zu lieben und den Nächsten zu lieben wie sich selbst, ist weit mehr als alle Brandopfer und anderen Opfer. Jesus sah, dass er mit Verständnis geantwortet hatte, und sagte zu ihm: Du bist nicht fern vom Reich Gottes.

Lobpreisung

P Lasst uns unseren Herrn Jesus Christus preisen:
V Jesus, du Sohn des ewigen Vaters

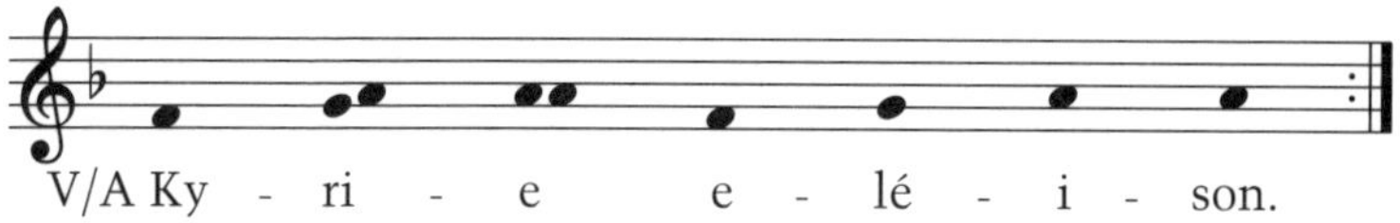


V Du bist Mensch geworden um unseres Heiles willen
V Du hast uns deine Liebe erwiesen in deinem Leben und Sterben
V Du willst, dass wir in deiner Liebe bleiben
V Du sendest uns aus, dass wir Zeugnis für dich ablegen

Fürbitten

P Unser Gott liebt alle Menschen. Wir bitten ihn für die Völker der Erde:
V Gib allen Menschen, was sie Tag für Tag zum Leben brauchen.

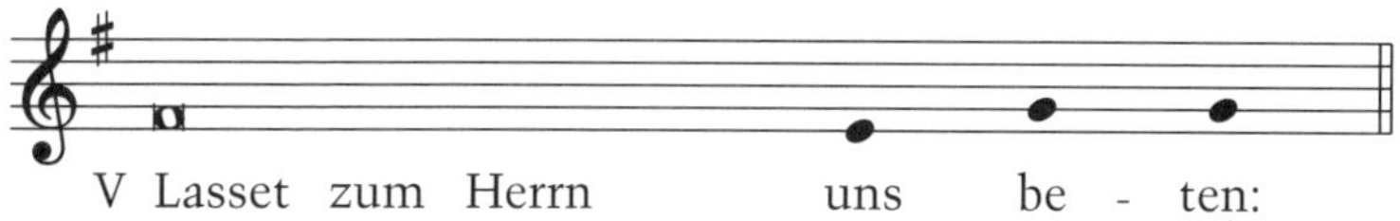

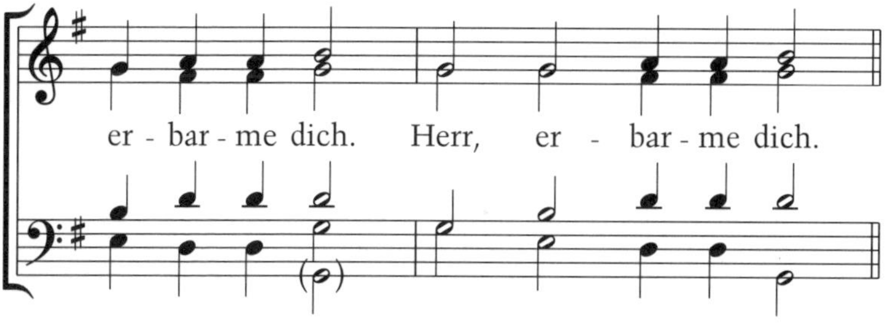

V Hilf, dass überall in der Welt die Menschenwürde geachtet wird.

V Steh den Menschen guten Willens bei, für den Frieden, die Gerechtigkeit und die Bewahrung der Schöpfung einzutreten.

V Stärke die Regierenden, dem Wohl der Menschen zu dienen.

V Nimm dich der Heimatlosen und Flüchtlinge, der Entrechteten und Verfolgten an.

P Allmächtiger Gott, du Lenker der Welt, in deinen Händen ruht unser Geschick. Lass Eintracht und Gerechtigkeit in unserem Land und überall in der Welt herrschen und schenke uns allezeit Glück und Frieden. Dich loben und preisen wir heute und in Ewigkeit. Amen.

Sakramentaler Segen

## DRITTE STATION

### Für die Früchte der Erde und die menschliche Arbeit

Eucharistischer Gesang

Das Evangelium kann mit einem gesungenen Halleluja (V/A) eingeleitet und beschlossen werden.

Evangelium (Lk 12,22–31)

D Der Herr sei mit euch.
A Und mit deinem Geiste.
D Aus dem heiligen Evangelium nach Lukas.
A Ehre sei dir, o Herr.

In jener Zeit sagte Jesus zu seinen Jüngern: Sorgt euch nicht um euer Leben und darum, dass ihr etwas zu essen habt, noch um euren Leib und darum, dass ihr etwas anzuziehen habt. Das Leben ist wichtiger als die Nahrung und der Leib wichtiger als die Kleidung. Seht auf die Raben: Sie säen nicht und ernten nicht, sie haben keinen Speicher und keine Scheune; denn Gott ernährt sie.

Wie viel mehr seid ihr wert als die Vögel! Wer von euch kann mit all seiner Sorge sein Leben auch nur um eine kleine Zeitspanne verlängern? Wenn ihr nicht einmal etwas so Geringes könnt, warum macht ihr euch dann Sorgen um all das Übrige? Seht euch die Lilien an: Sie arbeiten nicht und spinnen nicht. Doch ich sage euch: Selbst Salomo war in all seiner Pracht nicht gekleidet wie eine von ihnen. Wenn aber Gott schon das Gras so prächtig kleidet, das heute auf dem Feld steht und morgen ins Feuer geworfen wird, wie viel mehr dann euch, ihr Kleingläubigen! Darum fragt nicht, was ihr essen und was ihr trinken sollt, und ängstigt euch nicht! Denn um all das geht es den Heiden in der Welt. Euer Vater weiß, dass ihr das braucht. Euch jedoch muss es um sein Reich gehen; dann wird euch das andere dazugegeben.

Lobpreisungen

P Lasst uns unseren Herrn Jesus Christus preisen:
V Jesus, du unser Retter und Heiland

V Du offenbarst uns den himmlischen Vater und sein Reich
V Du kennst unsere Sorgen und Nöte
V Du nimmst dich der Mühseligen und Beladenen an
V Du stärkst unsere Hoffnung und Zuversicht

Fürbitten

P Unser Gott ist der Schöpfer, der alles ins Dasein gerufen hat. Wir bitten ihn für die Früchte der Erde und der menschlichen Arbeit:

V Schenke den Früchten der Felder und Gärten, der Weinberge und Wälder Wachstum und Gedeihen.

V Segne die Mühe und Arbeit unsere Hände und was wir mit der Kraft unseres Geistes schaffen.

V Gib allen Menschen Arbeit, die sie nährt, und Brot, das sie stärkt.

V Wecke in jedem Menschen die Verantwortung für die Zukunft der gefährdeten Schöpfung.

V Mache unser Herz gütig und großmütig, damit wir mit den Notleidenden teilen, was wir selbst empfangen.

P Gott, du bist der Herr der Welt, in dir leben wir, bewegen wir uns und sind wir. Was unsere Arbeit nicht leisten kann, das schenke du uns in reicher Fülle. Deinem Namen singen wir Lob und Preis heute und in Ewigkeit. Amen.

Sakramentaler Segen

## VIERTE STATION

### Für unseren Ort und seine Bewohner

Eucharistischer Gesang

Das Evangelium kann mit einem gesungenen Halleluja (V/A) eingeleitet und beschlossen werden.

Evangelium (Joh 1,1–5.9–14)

D Der Herr sei mit euch.
A Und mit deinem Geiste.
D Aus dem heiligen Evangelium nach Johannes.
A Ehre sei dir, o Herr.

Im Anfang war das Wort,
und das Wort war bei Gott,
und das Wort war Gott.
Im Anfang war es bei Gott.
Alles ist durch das Wort geworden
und ohne das Wort wurde nichts, was geworden ist.
In ihm war das Leben
und das Leben war das Licht der Menschen.
Und das Licht leuchtet in der Finsternis
und die Finsternis hat es nicht erfasst.
Das wahre Licht, das jeden Menschen erleuchtet,
kam in die Welt.
Er war in der Welt
und die Welt ist durch ihn geworden,
aber die Welt erkannte ihn nicht.
Er kam in sein Eigentum,
aber die Seinen nahmen ihn nicht auf.
Allen aber, die ihn aufnahmen,
gab er Macht, Kinder Gottes zu werden,
allen, die an seinen Namen glauben,
die nicht aus dem Blut,
nicht aus dem Willen des Fleisches,
nicht aus dem Willen des Mannes,

sondern aus Gott geboren sind.
Und das Wort ist Fleisch geworden
und hat unter uns gewohnt
und wir haben seine Herrlichkeit gesehen,
die Herrlichkeit des einzigen Sohnes vom Vater,
voll Gnade und Wahrheit.

Lobpreisungen

P Lasst uns unseren Herrn Jesus Christus preisen:
V Jesus, du Wort, durch das alles geworden ist

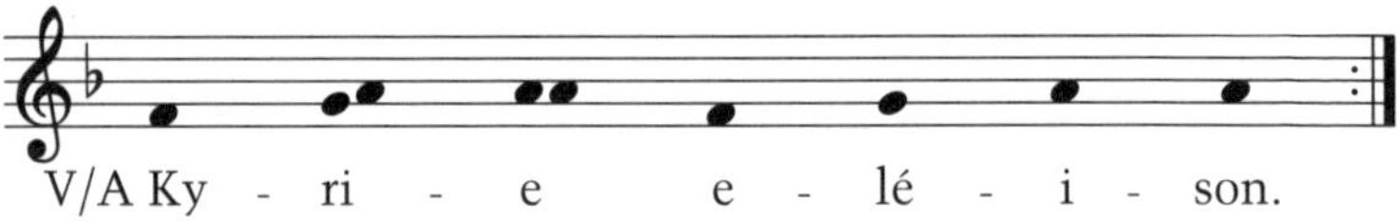


V Du schenkst uns Leben von deinem Leben
V Du bringst Licht in die Finsternis der Welt
V Du wohnst in unserer Mitte und bleibst bei uns
V Du bist das Brot, das unseren Hunger nach Leben stillt

Fürbitten

P Unser Gott ist der Liebhaber des Lebens und der Freund der Menschen. Wir bitten ihn für unseren Ort (unser Dorf, unsere Stadt):

V Wohne mit deiner Güte und Menschenfreundlichkeit in unserer Mitte.

V Gib den Männern und Frauen, die im öffentlichen Leben Verantwortung tragen, Weisheit und Tatkraft.

V Wecke in allen Bürgern und Bürgerinnen die Bereitschaft, einander anzunehmen und füreinander einzustehen.

V Lass unter uns Eintracht und Gerechtigkeit herrschen.

V Gewähre den Kranken Genesung, den Leidenden Trost und den Sterbenden deinen Frieden.

P Gott, unser Vater, dir ist kein Mensch fremd, keiner ist dir so fern, dass deine Hilfe ihn nicht erreichen kann. Schenke uns in dir Heimat und Geborgenheit und untereinander Gemeinschaft in der Liebe. Mit Herz und Stimme loben wir deine Größe und preisen deine Güte heute und in alle Ewigkeit. Amen.

Sakramentaler Segen

# Prozession mit einer Station

Brot des Lebens

Eucharistischer Gesang

Das Evangelium kann mit einem gesungenen Halleluja (V/A) eingeleitet und beschlossen werden.

Evangelium (Joh 6,26–35)

D Der Herr sei mit euch.
A Und mit deinem Geiste.
D Aus dem heiligen Evangelium nach Johannes.
A Ehre sei dir, o Herr.

In jener Zeit sagte Jesus zu den Leuten: Amen, amen, ich sage euch: Ihr sucht mich nicht, weil ihr Zeichen gesehen habt, sondern weil ihr von den Broten gegessen habt und satt geworden seid. Müht euch nicht ab für die Speise, die verdirbt, sondern für die Speise, die für das ewige Leben bleibt und die der Menschensohn euch geben wird. Denn ihn hat Gott, der Vater, mit seinem Siegel beglaubigt.
Da fragten sie ihn: Was müssen wir tun, um die Werke Gottes zu vollbringen? Jesus antwortete ihnen: Das ist das Werk Gottes, dass ihr an den glaubt, den er gesandt hat. Sie entgegneten ihm: Welches Zeichen tust du, damit wir es sehen und dir glauben? Was tust du? Unsere Väter haben das Manna in der Wüste gegessen, wie es in der Schrift heißt: Brot vom Himmel gab er ihnen zu essen. Jesus sagte zu ihnen: Amen, amen, ich sage euch: Nicht Mose hat euch das Brot vom Himmel gegeben, sondern mein Vater gibt euch das wahre Brot vom Himmel. Denn das Brot, das Gott gibt, kommt vom Himmel herab und gibt der Welt das Leben. Da baten sie ihn: Herr, gib uns immer dieses Brot! Jesus antwortete ihnen: Ich bin das Brot des Lebens; wer zu mir kommt, wird nie mehr hungern, und wer an mich glaubt, wird nie mehr Durst haben.

Lobpreisung

P Herr Jesus Christus, du begleitest uns auf unserem Lebensweg und schenkst uns dich selbst als Wegzehrung. Du hilfst uns durch das Wort des Heils und die Speise der Unsterblichkeit, unser Ziel zu erreichen und für immer Gemeinschaft mit dir zu haben.

V Du bist das himmlische Brot, das wir als Geschenk deiner göttlichen Liebe empfangen.

V/A Ky - ri - e e - lé - i - son.

V Du bist das lebendige Brot, das die tiefste Sehnsucht unseres Herzens stillt.

V Du bist das wahre Brot, das uns auf ewig teilhaben lässt an deinem österlichen Leben.

V Du bist das kraftvolle Brot, das uns mit dir und untereinander verbindet.

P Herr, unser Gott, du hast alles geschaffen und gibst Speise und Trank, den Menschen zur Erquickung. Uns aber hast du geistliche Speise und ewiges Leben gegeben durch Jesus, deinen Sohn. Dir sei die Ehre in Ewigkeit. Amen.

Lied

Fürbitten

P Jesus Christus sättigt uns mit dem Brot, das er allein zu geben vermag. An seinem Tisch erfahren wir seine Güte und Liebe. Wir rufen ihn an und bitten ihn:

V Ermutige deine Kirche, dem Evangelium zu folgen und dem Heiligen Geist Raum zu geben.

V Chri-stus, hö - re uns. A Chri-stus, er - hö - re uns.

V Stärke die Christenheit in deinem Geist und deiner Gesinnung und führe sie zur Einheit zusammen.

V Schenke den Völkern der Erde Gerechtigkeit und Freiheit und hilf ihnen, zum Frieden in der Welt beizutragen.

V Fördere die Solidarität unter den Menschen und schütze sie in ihrer unantastbaren Würde.

V Gib den Hungernden das tägliche Brot und sende den Notleidenden Helfer und Hilfe.

V Lass die Kranken Trost und Stärkung erfahren und an der Hoffnung festhalten.

V Begleite alle, die nach dem Sinn des Lebens suchen, und lass sie tragfähige Antworten auf ihre Fragen finden.

V Lass uns in der Kraft deiner Speise unseren Weg zuversichtlich gehen und vertiefe unseren Glauben.

P Gütiger Gott, du hast uns das Brot des Himmels gegeben, damit Glaube, Hoffnung und Liebe in uns wachsen. Erhalte in uns die Sehnsucht nach diesem Brot, das der Welt das Leben gibt, und stärke uns mit jedem Wort, das aus deinem Mund hervorgeht. In Dankbarkeit verkünden wir dein Lob und preisen deinen Namen heute und in alle Ewigkeit. Amen.

Sakramentaler Segen

# EUCHARISTISCHE VEREHRUNG ANSTELLE DER PROZESSION

Wo an Fronleichnam im Anschluss an die Messe keine Prozession stattfinden kann, empfiehlt es sich sehr, den Festgottesdienst mit der Anbetung des eucharistischen Brotes zu beschließen. In diesem Fall wird nach der Kommunionausteilung das heiligste Sakrament in der Monstranz ausgesetzt.
Die eucharistische Verehrung kann aus folgenden Teilen bestehen:

- Kommunionmeditation;
- Lob und Anbetung des Herrn im Sakrament;
- Sakramentaler Segen.

Die Auswahl der Elemente soll auf die Zusammensetzung der versammelten Gemeinde Rücksicht nehmen. Litaneiartige Gesänge eignen sich besser als Gebete. Längere Texte können durch Kehrverse gegliedert werden. Auch dem schweigenden Gebet soll Raum gegeben werden.
Die folgenden Texte sind als Beispiel zu verstehen. Zur Auswahl stehen die Betrachtungen und Gebete dieser Handreichung sowie die Eucharistische Andacht und die Andacht zu Jesus Christus (GL 779 und 781).

## KOMMUNIONMEDITATION

Wenn Gott uns Menschen begegnet

(vgl. Eberhard Prause/Siegfried Foelz, Das Geheimnis lasst uns künden, Graz-Wien-Köln 1981, 67-69)

V Wie Brot zu unserem Alltag gehört, so gehört auch die Begegnung mit anderen Menschen zu unserem Leben. Einem Menschen begegnen bedeutet: wenigstens einen Augenblick wirklich bei ihm sein.

Instrumentalmusik oder Gesang: »Das Weizenkorn muss sterben« (GL 620,1)

V Wenn Gott dem Menschen begegnet, dann ist er nicht nur einen Augenblick bei ihm, sondern immer; dann erfährt der Mensch, was Treue ist: »Seid gewiss: Ich bin bei euch alle Tage bis zum Ende der Welt.«

Instrumentalmusik oder Gesang: GL 620,2

V Wenn Gott uns Menschen begegnet, dann gibt es keine Situation, in der er nicht bei uns ist: Es gibt nichts – keine Not, keinen Schmerz, kein Leid –, das für ihn zu schwer ist, es mitzutragen.

Instrumentalmusik oder Gesang: GL 620,3

V Wenn Gott uns Menschen begegnet, dann bekommt alles, was sich ereignet, seinen Sinn, seine Würde, seinen Glanz vom Geheimnis dieser Begegnung, vom Tod und der Auferstehung des Herrn.

Instrumentalmusik oder Gesang: GL 620,4

Schlussgebet der Messfeier

LOB UND ANBETUNG DES HERRN IM SAKRAMENT

- Denkbar ist eine Form der eucharistischen Verehrung, die in ähnlicher Weise wie bei der Kreuzverehrung des Karfreitags praktiziert wird:
  Die Mitfeiernden kommen nach einer entsprechenden Einladung nach vorn und ehren das Allerheiligste mit einer Kniebeuge. Dazu werden bekannte eucharistische Gesänge (vom Chor, von der Gemeinde oder wechselweise) gesungen. Zuvor oder stattdessen können Kinder Blumen zum Altar bringen, die in eine große Vase gesteckt werden.

- Christusrufe GL 564

- Gebet GL 779,1

Sakramentaler Segen

# FEIER DER KRANKENKOMMUNION

## ERÖFFNUNG

### Einführung

Mit Messfeier und Prozession haben wir heute Fronleichnam begangen. In dieser Kommunionfeier bekommen Sie Anteil an diesem hohen Fest. In einem bekannten Lied singen wir: »Das Heil der Welt, Herr Jesus Christ, wahrhaftig hier zugegen ist.«
Wir sind von Gott nicht vergessen oder verlassen. Jesus Christus ist hier zugegen, unscheinbar im Zeichen des Brotes; hörbar im Wort der Schrift und spürbar immer wieder durch Menschen, die er als seine Engel schickt.
Ihm wollen wir uns nun anvertrauen und in seinem Namen diese Feier beginnen:
Im Namen des Vaters und des Sohnes und des Heiligen Geistes. Amen.

### Kyrie-Rufe

V Herr Jesus, du Brot vom Himmel.
A Kyrie eleison.

V Du Mittler des Neuen Bundes.
A Kyrie eleison.

V Du rufst uns an deinen Tisch.
A Christe eleison.

V Du stärkst uns auf unserem Weg.
A Christe eleison.

V Du schenkst uns ewiges Leben
A Kyrie eleison.

V Du bist unsre Hoffnung und unser Friede.
A Kyrie eleison.

(Die Rufe können gesungen werden nach GL 495)

Gebet

Herr Jesus Christus, unsere Augen sehen Brot; doch der Glaube bekennt: Du bist hier. Wie dieses Brot werden auch wir gewandelt, wenn wir uns Gott im Glauben ganz überlassen. Wir bitten dich, gib uns mit dieser Speise deinen Geist ins Herz. Öffne uns dem Wirken des Heiligen Geistes. Lass uns leben und Frieden finden in dir. Dir sei Ehre und Lobpreis in Ewigkeit. Amen.
(Nach GL 779,6)

## WORTGOTTESDIENST

Lesung

Aus dem Ersten Korintherbrief (10,16–17)
Schwestern und Brüder! Ist der Kelch des Segens, über den wir den Segen sprechen, nicht Teilhabe am Blut Christi? Ist das Brot, das wir brechen, nicht Teilhabe am Leib Christi? *Ein* Brot ist es. Darum sind wir viele *ein* Leib; denn wir alle haben teil an dem einen Brot.

Deutung

Heute, am Fronleichnamsfest, erinnern wir uns in besonderer Weise an den Auftrag und an das Testament Jesu: zu seinem Andenken Mahl halten – wie er, mit Brot und Wein und mit seinen Worten: »Das ist mein Leib, der für euch hingegeben wird. Dieser Kelch ist der Neue Bund in meinem Blut.« Jesus hat uns diese Lebenszeichen hinterlassen: Brot und Wein. Er legt sie uns in die Hände und ans Herz. In diesem Brot vertraut sich der Herr uns an und verbindet sich mit unserem Leben, mit unserer Lebensgeschichte und unserem Schicksal.
Und wir sind durch ihn verbunden mit allen, die an diesem Mahl teilnehmen. Wir sind Glieder einer Gemeinschaft mit Christus und durch Christus. Wir empfangen das Brot, den Leib Christi, und werden Leib Christi, die Kirche, wie der Apostel Paulus sagt. Wir sind mit Christus verbunden; das kann nicht verborgen bleiben, das will sich auch nach außen zeigen. Auf unseren Straßen und Plätzen feiern wir dieses Geschenk: Der Herr ist bei uns, unscheinbar wie Brot und unendlich kostbar als Brot. Festlich geht

es deshalb zu an diesem Tag. An die Feier des Fronleichnamstages haben Sie wahrscheinlich auch viele persönliche Erinnerungen: an das Schmücken der Häuser, an die Altäre und Blumenteppiche ...
»Darum sind wir viele ein Leib; denn wir alle haben teil an dem einen Brot.« Was der Apostel Paulus sagt, nehmen wir heute ganz wörtlich: Alle, auch die Kranken, die nicht zur Kirche kommen können, haben teil an dem einen Brot, an Christus selbst. Dafür danken wir Gott und singen/beten:

Sakrament der Liebe Gottes:
Leib des Herrn, sei hoch verehrt,
Mahl, das uns mit Gott vereinigt,
Brot, das unsre Seele nährt,
Blut, in dem uns Gott besiegelt
seinen Bund, der ewig währt.

Lob und Dank sei Gott, dem Vater,
der das Leben uns verheißt,
seinem Wort, dem ewgen Sohne,
der im Himmelsbrot uns speist;
auch der Born der höchsten Liebe
sei gelobt, der Heilge Geist. Amen.
(GL 542)

Fürbitten

Herr, du lässt uns nicht allein, du lädst uns ein an deinen Tisch. Voll Vertrauen bitten wir:

- Für alle kranken und leidenden Menschen in unseren Krankenhäusern, Pflegeheimen und zu Hause: Sei bei ihnen, schenke ihnen Hoffnung und Heil und lass sie die Zuwendung und Hilfe finden, die sie brauchen.
- Für unsere Gemeinde: Lass uns an deinem Tisch Versöhnung und Frieden finden. Schenke uns Liebe und Fantasie für ein gutes Miteinander.
- Für deine Kirche: Lass sie die Zeichen der Zeit erkennen und ihren Auftrag erfüllen, Gottes Liebe zu verkünden und zu leben.

- Für alle, die in der Familie, im Beruf oder im Ehrenamt kranke und alte Menschen pflegen und ihnen beistehen: Schenke ihnen Liebe und Geduld, das helfende Wort und Kraft für ihren Dienst.

*Stille und/oder aktuelle persönliche Anliegen*

Guter Hirt, du Brot des Lebens,
wer dir traut, hofft nicht vergebens,
geht getrost durch diese Zeit.
Die du hier zu Tisch geladen,
ruf auch dort zum Mahl der Gnaden
in des Vaters Herrlichkeit.
Amen. (GL 545,6)

KOMMUNION

Vaterunser

Verbunden mit allen, die sich heute am Tisch des Herrn versammeln, beten wir, wie Jesus uns zu beten gelehrt hat.
Vater unser ... Denn dein ist das Reich ...

Einladung zur Kommunion

Seht das Brot, der Engel Speise, Brot auf unsrer Pilgerreise, das den Hunger wahrhaft stillt. Es ist Christus, unser Bruder und Freund.
Herr, ich bin nicht würdig ...

Dank

Lobe, Zion, deinen Hirten;
dem Erlöser der Verirrten
stimme Dank und Jubel an.
Lass dein Lob zum Himmel dringen;
ihn zu rühmen, ihm zu singen,
hat kein Mensch genug getan.

Lobt und preist, singt Freudenlieder;
festlich kehrt der Tag uns wieder,

jener Tag von Brot und Wein,
da der Herr zu Tisch geladen
und dies heilge Mahl der Gnaden
setzte zum Gedächtnis ein.
(GL 545,1.3)

oder

Herr, du bist bei mir.
Du hältst mich in deiner Hand.
Wo bin ich so geborgen wie bei dir?
Wo hat die Welt einen solchen friedlichen Glanz
wie an deinem Tisch?
Wo sind die Menschen so viel wert wie bei dir?
Dir sei Ehre und Dank heute und alle Tage. Amen.

ABSCHLUSS

Segensbitte

Der Herr segne uns und behüte uns, der Herr lasse sein Angesicht über uns leuchten und sei uns gnädig; er wende uns sein Antlitz zu und schenke uns seinen Frieden. So segne uns der treue und barmherzige Gott, der Vater und der Sohn und der Heilige Geist. Amen.

*Margret Schäfer-Krebs*

# *Die Verehrung der Eucharistie*

# VORBEMERKUNGEN

»Wird die sakramentale Anbetung feierlich und über längere Zeit gehalten, wird die Hostie in einer unmittelbar vorausgehenden Messe konsekriert und nach der Kommunion in der Monstranz auf den Altar niedergestellt. Die Messe endet mit dem Schlussgebet; der Ritus der Entlassung entfällt. Bevor der Priester sich zurückzieht, stellt er gegebenenfalls das Sakrament auf den Thron und inzensiert es.«[1]

»Die Anbetung ist so zu gestalten, dass die Gläubigen mit Gebeten, Gesängen und Anhören der Lesungen ihre volle Aufmerksamkeit auf Christus, den Herrn, richten können.«[2]

»Wenn das heilige Sakrament über längere Zeit auf dem Altar ausgesetzt ist, kann auch das Stundengebet davor verrichtet werden, vor allem die wichtigsten Horen. Im Stundengebet nämlich finden Lob und Danksagung, die Gott in der Eucharistiefeier dargebracht werden, ihre Fortsetzung durch den ganzen Tag und die Bitten der Kirche werden an Christus und durch ihn an den Vater im Namen der ganzen Welt gerichtet.«[3]

Zum feierlichen Abschluss der Anbetung erteilt der Priester den sakramentalen Segen. Zuvor wird ein Sakramentshymnus oder ein anderes eucharistisches Lied gesungen. Danach folgt eines der hier angegebenen Gebete[4]:

▪ Herr Jesus Christus,
im wunderbaren Sakrament des Altares hast du uns das Gedächtnis deines Leidens und deiner Auferstehung hinterlassen. Gib uns die Gnade, die heiligen Geheimnisse deines Leibes und Blutes so zu verehren, dass uns die Frucht der Erlösung zuteil wird.
Der du lebst und herrschest in alle Ewigkeit. Amen.

▪ Herr, unser Gott,
dein Sohn ist für uns Mensch geworden aus Maria, der Jungfrau, und hat am Kreuz gelitten. Wir glauben und bekennen, dass er im heiligen Sakrament gegenwärtig ist.
Gib, dass wir aus diesem göttlichen Quell ewiges Heil schöpfen.
Darum bitten wir durch Christus, unseren Herrn. Amen.

▪ Herr, unser Gott,
gib uns die Gnade, Christus, das Lamm, das für uns geschlach-

tet wurde und im Sakrament unter heiligen Zeichen verborgen ist, mit würdigem Lobpreis zu feiern, damit wir ihn in der ewigen Herrlichkeit unverhüllt schauen.
Darum bitten wir durch ihn, Christus, unseren Herrn. Amen.

■ Barmherziger Gott,
du hast uns das wahre Brot vom Himmel gegeben.
Stärke uns durch diese geistliche Speise, damit wir immer aus ihr leben und am Jüngsten Tag zur ewigen Herrlichkeit auferstehen.
Darum bitten wir durch Christus, unseren Herrn. Amen.

■ Vater im Himmel,
wir bekennen deinen Sohn, der in diesem Sakrament gegenwärtig ist, als unseren Herrn und Gott.
Erleuchte unser Herz mit dem Licht des Glaubens und entzünde es mit dem Feuer deiner Liebe, damit wir ihn voll Zuversicht im Geist und in der Wahrheit anbeten.
Darum bitten wir durch Christus, unseren Herrn. Amen.

■ Herr und Gott,
im heiligen Sakrament erneuerst du uns von Tag zu Tag.
Erfülle uns durch seinen Empfang mit deiner Liebe, damit wir uns um die unaussprechlichen Schätze deines Reiches bemühen.
Darum bitten wir durch Christus, unseren Herrn. Amen.

■ Allmächtiger Gott,
du hast die ganze Menschheit durch das Leiden und die Auferstehung Christi erlöst.
Bewahre in uns das Werk deines Erbarmens. Gib, dass wir immer wieder voll Dankbarkeit das Heilsgeheimnis feiern und zur ewigen Herrlichkeit gelangen.
Darum bitten wir durch Christus, unseren Herrn. Amen.

## Anmerkungen

1 Kommunionspendung und Eucharistieverehrung außerhalb der Messe. Studienausgabe. Herausgegeben von den Liturgischen Instituten Salzburg, Trier, Zürich, Einsiedeln–Zürich und Freiburg–Wien 1976, Nr. 94.
2 Ebd. Nr. 95.
3 Ebd. Nr. 96.
4 Ebd. Seite 57 und 139–140.

# GEBETSZEITEN DER STUNDENLITURGIE

## Laudes

*Bei einer Anbetungsstunde am Morgen kann das tägliche Morgenlob der Kirche (»Laudes«) verwendet werden.*

ERÖFFNUNG

V Herr, öffne meine Lippen,
A damit mein Mund dein Lob verkünde.
V Ehre sei dem Vater und dem Sohn und dem Heiligen Geist,
A wie im Anfang, so auch jetzt und alle Zeit und in Ewigkeit. Amen. (Halleluja).
*Danach folgt das Invitatorium (Weckruf) oder der Hymnus.*

Invitatorium

- Psalm 95 (Chorbuch für einstimmigen Gesang zum Gotteslob I, Nr. 525) und Kehrvers »Den Herrn in unsrer Mitte: Kommt, wir beten ihn an« (GL 674,8).
- Psalm 95 (Chorbuch I, Nr. 525) und Kehrvers »Auf, lasst uns jubeln dem Herrn, vor sein Angesicht kommen mit Dank« (GL 525).

Hymnus

- »Gottheit tief verborgen« (GL 546)
- »Das Heil der Welt« (GL 547)

PSALMODIE

Erster Psalm

Psalm 63 mit Kehrvers (GL 676)

Gesang aus dem Alten Testament

Lobgesang aus Daniel mit Kehrvers (GL 677) oder Lobgesang der drei Jünglinge mit Kehrvers (GL 281; als Kehrvers können auch GL 282 oder 283 gewählt werden).

Dritter Psalm

Psalm 150 mit Kehrvers (GL 678)

LESUNG

Lesung aus dem Propheten Maleachi (1,11)

Vom Aufgang der Sonne bis zu ihrem Untergang steht mein Name groß da bei den Völkern und an jedem Ort wird meinem Namen ein Rauchopfer dargebracht und eine reine Opfergabe; ja, mein Name steht groß da bei den Völkern, spricht der Herr der Heere.

Oder eine andere passende Schriftlesung

Antwortgesang

GL 679 mit dem Vorsängervers »Du gibst dich uns als Brot des Lebens«.

Homilie

*Anstelle einer Homilie kann folgende Lesung vorgetragen werden; es kann aber auch eine andere passende Lesung aus der Tradition der Kirche gewählt werden.*

Der Kirchenlehrer Thomas von Aquin schreibt:
Weil uns der einziggeborene Sohn Gottes Anteil an seiner Gottheit geben wollte, nahm er unsere Natur an, wurde Mensch, um die Menschen göttlich zu machen.
Mehr als das: Was er von dem Unsrigen annahm, gab er ganz hin für unser Heil. Denn er brachte seinen Leib auf dem Altar des Kreuzes zu unserer Versöhnung Gott, dem Vater, als Opfergabe dar. Er vergoss sein Blut für uns als Lösepreis und als Bad zu-

gleich. So sollten wir von elender Knechtschaft erlöst und von aller Sünde gereinigt werden.
Damit uns aber ein Gedächtnis dieser so großen Liebe bleibe, hinterließ er den Glaubenden seinen Leib zur Speise und sein Blut zum Trank unter der Gestalt von Brot und Wein.
Welch ein kostbares und bestaunenswertes Gastmahl, Heil bringend und voll Wohlgeschmack! Denn was kann kostbarer sein als dieses Gastmahl? In ihm wird uns nicht das Fleisch von Kälbern und Böcken zur Speise gegeben wie einst unter dem Gesetz, sondern Christus, der wahre Gott. Gibt es etwas Bestaunenswerteres als dieses Sakrament?
Kein Sakrament hat eine heilsamere Wirkung als dieses: Es reinigt von Sünden, es mehrt die Tugenden und erfüllt den Geist mit dem Reichtum aller geistlichen Gaben. Es wird in der Kirche für die Lebenden und die Toten dargebracht, damit allen zugute komme, was zum Heil aller eingesetzt ist.
Niemand kann schließlich die Wonnen dieses Sakraments hinreichend ausdrücken, da in ihm die Süße des Geistes in ihrem Quell genossen und in ihm das Gedächtnis jener unübertrefflichen Liebe begangen wird, die Christus in seiner Passion bewiesen hat.
Um also die Unermesslichkeit seiner Liebe den Herzen der Gläubigen tiefer einzuprägen, stiftete er beim Letzten Abendmahl dieses Sakrament, nachdem er das Pascha mit seinen Jüngern gefeiert hatte und als er aus dieser Welt zum Vater hinübergehen sollte. Er stiftete es als immer währendes Gedächtnis seiner Passion, als Erfüllung der alten Zeichen, als größtes seiner Wunder und als einzigartigen Trost für jene, die seine Abwesenheit mit Trauer erfüllt.

Stille

LOBGESANG DES ZACHARIAS

Benedictus (GL 681) mit Kehrvers (GL 680 oder 484)

BITTEN

Gepriesen sei Jesus Christus, das Brot des Lebens. Zu ihm lasst uns beten:

(*Antwort:* Selig, wer zu deinem Mahl geladen ist.)

- Christus, du ewiger Hoherpriester, du hast dem Vater das vollkommene Opfer dargebracht; schenk uns Gemeinschaft an deinem Opfer.
- Christus, du Priester des Neuen Bundes, du hast Brot und Wein zu heiligen Zeichen deiner Hingabe gemacht; mache auch uns zu einer Opfergabe mit dir.
- Christus, du Brot vom Himmel, du nährst die Kirche mit deinem Leib und deinem Blut; in dieser Speise gib uns Kraft für unseren Weg.
- Christus, du unser unsichtbarer Gast, du stehst an der Tür und klopfst an; tritt bei uns ein, dass wir Mahl halten mit dir.

Vater unser ...

Herr Jesus Christus, im wunderbaren Sakrament des Altares hast du uns das Gedächtnis deines Leidens und deiner Auferstehung hinterlassen. Gib uns die Gnade, die heiligen Geheimnisse deines Leibes und Blutes so zu verehren, dass uns die Frucht der Erlösung zuteil wird. Der du in der Einheit des Heiligen Geistes mit Gott dem Vater lebst und herrschest in alle Ewigkeit. Amen.

## ABSCHLUSS

P Es segne euch der allmächtige Gott, der Vater und der Sohn und der Heilige Geist.
A Amen.

Oder:

V Der Herr segne uns, er bewahre uns vor Unheil und führe uns zum ewigen Leben.
A Amen.

Oder:

V Gott erfülle uns mit aller Freude und Hoffnung im Glauben.
Der Friede Christi herrsche alle Zeit in unseren Herzen.
Der Heilige Geist gieße über uns die Fülle seiner Gaben aus.
A Amen.

# Vesper

*Bei einer Anbetungsstunde am Spätnachmittag oder Abend kann das tägliche Abendlob der Kirche (»Vesper«) verwendet werden.*

ERÖFFNUNG

V O Gott, komm mir zu Hilfe.
A Herr, eile mir zu helfen.
V Ehre sei dem Vater und dem Sohn und dem Heiligen Geist,
A wie im Anfang, so auch jetzt und alle Zeit und in Ewigkeit. Amen (Halleluja).

Hymnus

»Das Geheimnis lasst uns künden« (GL 544)

PSALMODIE

- Erste Psalmenreihe

Erster Psalm: Psalm 110 mit Kehrvers (GL 684)
Zweiter Psalm: Psalm 111 mit Kehrvers (GL 685)
Gesang aus dem Neuen Testament – Offb 19 mit Kehrvers (GL 686)

- Zweite Psalmenreihe

Erster Psalm: Psalm 122 mit Kehrvers (GL 692)
Zweiter Psalm: Psalm 113 mit Kehrvers (GL 693)
Gesang aus dem Neuen Testament – Phil 2,6–11 mit Kehrvers (GL 694)

LESUNG

- Lesung aus dem Brief des Apostels Paulus an die Korinther (1 Kor 10,16–17)

Ist der Kelch des Segens, über den wir den Segen sprechen, nicht Teilhabe am Blut Christi? Ist das Brot, das wir brechen, nicht Teilhabe am Leib Christi? *Ein* Brot ist es. Darum sind wir viele *ein* Leib; denn wir alle haben teil an dem einen Brot.

- Lesung aus dem Brief des Apostels Paulus an die Korinther (1 Kor 11,23–25)

  Ich habe vom Herrn empfangen, was ich euch dann überliefert habe: Jesus, der Herr, nahm in der Nacht, in der er ausgeliefert wurde, Brot, sprach das Dankgebet, brach das Brot und sagte: Das ist mein Leib für euch. Tut dies zu meinem Gedächtnis! Ebenso nahm er nach dem Mahl den Kelch und sprach: Dieser Kelch ist der Neue Bund in meinem Blut. Tut dies, sooft ihr daraus trinkt, zu meinem Gedächtnis! Denn sooft ihr von diesem Brot esst und aus diesem Kelch trinkt, verkündet ihr den Tod des Herrn, bis er kommt.

Oder eine andere passende Schriftlesung

Antwortgesang

GL 679 mit dem Vorsängervers »Du gibst dich uns als Brot des Lebens«.

Homilie

*Anstelle einer Homilie kann eine der folgenden Lesungen vorgetragen werden; es kann aber auch eine andere passende Lesung aus der Tradition der Kirche gewählt werden.*

- Der Bischof und Kirchenlehrer Augustinus sagte in einer Predigt (über 1 Kor 10,16–17):
  Willst du den Leib Christi verstehen, so höre den Apostel zu den Gläubigen sagen: »Ihr seid der Leib Christi und seine Glieder.« Wenn ihr also Christi Leib und seine Glieder seid, so ist euer Mysterium auf den Tisch des Herrn gelegt: Ihr empfangt euer Mysterium. Zu dem, was ihr seid, antwortet ihr Amen und antwortend unterschreibt ihr es. Du hörst ja: »Der Leib Christi« und antwortest: »Amen«. Sei also (wirklich) Glied Christi, dass das »Amen« wahr sei!
  Warum also im Brot? Den Apostel selber wollen wir mehrfach hören: »Ein Brot, ein Leib seid ihr, die Vielen« (1 Kor 10,17). Seht es ein und freut euch: Einheit, Wahrheit, Treue, Liebe. »Ein Brot«: Wer ist dieses eine Brot? »Ein Leib die vielen.« Bedenkt: Das Brot wird nicht aus einem Korn, sondern aus vielen … Seid, was ihr seht, und empfangt, was ihr seid!

Stille

- Der Bischof und Kirchenlehrer Cyrill von Jerusalem sagte in einer Unterweisung neu getaufter Christen (im Anschluss an 1 Kor 11,23–25):
  Lasst uns Brot und Wein in tiefer Überzeugung als den Leib und das Blut Christi empfangen. Unter dem Zeichen des Brotes wird dir der Leib gegeben und unter dem Zeichen des Weines das Blut. Wenn du den Leib und das Blut Christi empfängst, sollst du an Leib und Blut eins mit ihm werden. So werden wir Christusträger, da sein Leib und sein Blut unsere Glieder durchdringt. So erhalten wir nach dem heiligen Petrus Anteil an der göttlichen Natur (vgl. 2 Petr 1,4).
  Im Gespräch mit den Juden sagte einst Christus: »Amen, amen, das sage ich euch: Wenn ihr das Fleisch des Menschensohnes nicht esst und sein Blut nicht trinkt, habt ihr das Leben nicht in euch« (Joh 6,53). Sie hörten das Wort nicht seinem geistlichen Sinn nach, nahmen Anstoß und zogen sich zurück in dem Glauben, er verlange von ihnen, Menschenfleisch zu essen. Im Alten Bund gab es die Schaubrote (vgl. Num 4,7). Sie gehörten in den Alten Bund und nahmen mit ihm ein Ende. Im Neuen Bund jedoch gibt es das Brot vom Himmel und den Heil bringenden Kelch. Sie heiligen Seele und Leib. Wie das Brot dem Leib zukommt, so entspricht das göttliche Wort der Seele. Wir haben gelernt und die sichere Überzeugung gewonnen: Was Brot zu sein scheint, ist nicht Brot, auch wenn es so schmeckt, sondern es ist der Leib Christi. Was Wein zu sein scheint, ist nicht Wein, auch wenn es der Geschmack so will, sondern das Blut Christi. Davon hat vor Zeiten David gesungen: »Das Brot stärkt das Herz des Menschen und sein Gesicht erglänzt von Öl« (Ps 104,15). Stärke darum dein Herz, indem du das Brot als geistliches Brot nimmst, und lass das Angesicht deiner Seele erstrahlen.
  Möge dir dies in einem reinen Gewissen enthüllt werden, damit du wie in einem Spiegel die Herrlichkeit des Herrn spiegelst und fortschreitest von Herrlichkeit zu Herrlichkeit (vgl. 2 Kor 3,18) in Christus Jesus, unserem Herrn. Ihm sei die Herrlichkeit und die Macht in alle Ewigkeit. Amen.

Stille

## LOBGESANG MARIENS

Magnificat (GL 689) mit Kehrvers (GL 535,6 oder GL 688)

## FÜRBITTEN

Lasst uns beten zu Christus, unserem Herrn, der beim heiligen Mahl seinen Leib und sein Blut hingibt für das Leben der Welt:

(*Antwort:* Du Brot vom Himmel, gib uns das ewige Leben.)

- Du Sohn des lebendigen Gottes, du hast uns aufgetragen, das Mahl der Eucharistie zu halten zu deinem Gedächtnis; mache deine Kirche reich an Gnaden durch die gläubige Feier deiner Geheimnisse.
- Du einziger Priester des Höchsten Gottes, du hast den Priestern die Feier deines Opfers anvertraut; lass in ihrem Leben wirksam werden, was sie unter heiligen Zeichen begehen.
- Du Herr des himmlischen Mahles, du fügst zu *einem* Leib zusammen, die an dem *einen* Brot teilhaben; festige den Frieden und die Eintracht unter denen, die an dich glauben.
- Du göttlicher Arzt, du reichst uns in deinem Brot die Arznei der Unsterblichkeit; schenke den Sündern lebendige Hoffnung.
- Du König der kommenden Welt, in der Feier der heiligen Geheimnisse verkünden wir deinen Tod, bis du kommst; gib, dass alle verstorbenen Gläubigen teilhaben an deiner Auferstehung.

...

Vater unser ...

Herr Jesus Christus, im wunderbaren Sakrament des Altares hast du uns das Gedächtnis deines Leidens und deiner Auferstehung hinterlassen. Gib uns die Gnade, die heiligen Geheimnisse deines Leibes und Blutes so zu verehren, dass uns die Frucht der Erlösung zuteil wird. Der du in der Einheit des Heiligen Geistes mit Gott dem Vater lebst und herrschest in alle Ewigkeit. Amen.

## ABSCHLUSS

P Es segne euch der allmächtige Gott, der Vater und der Sohn und der Heilige Geist.
A Amen.

Oder:

V Der Herr segne uns, er bewahre uns vor Unheil und führe uns zum ewigen Leben.
A Amen.

Oder:

V Gott erfülle uns mit aller Freude und Hoffnung im Glauben.
Der Friede Christi herrsche alle Zeit in unseren Herzen.
Der Heilige Geist gieße über uns die Fülle seiner Gaben aus.
A Amen.

*Die Vesper kann mit dem Marienlob beschlossen werden (während des Jahres: GL 570 oder 571 oder 573; während der Osterzeit: GL 574 oder 575 oder 577; während der Advents- und Weihnachtszeit: GL 577).*

# Lesehore

»Die Lesehore soll dem Volk Gottes, vor allem denen, die auf besondere Weise dem Herrn geweiht sind, die Meditation der schönsten Stellen aus der Heiligen Schrift und aus den Werken geistlicher Schriftsteller nahe bringen« (Allgemeine Einführung in das Stundengebet, Art. 55).
*Bei einer Anbetungsstunde kann die folgende Lesehore verwendet werden.*

ERÖFFNUNG

V O Gott, komm mir zu Hilfe.
A Herr, eile mir zu helfen.
V Ehre sei dem Vater und dem Sohn und dem Heiligen Geist,
A wie im Anfang, so auch jetzt und alle Zeit und in Ewigkeit. Amen (Halleluja).

Hymnus

- »Lobe Zion, deinen Hirten« (GL 545)
- »Sakrament der Liebe Gottes« (GL 542)

PSALMODIE

Erster Psalm

Psalm 23 mit Kehrvers (GL 718)

Zweiter Psalm

Psalm 33 mit Kehrvers (GL 723)

Dritter Psalm

Psalm 145 B mit Kehrvers (GL 758) oder Psalm 146 mit Kehrvers (GL 759) oder Psalm 147 mit Kehrvers (GL 760)

## LESUNGEN

### Erste Lesung

Aus dem ersten Brief an die Korinther (11,23–26)
Ich habe vom Herrn empfangen, was ich euch dann überliefert habe: Jesus, der Herr, nahm in der Nacht, in der er ausgeliefert wurde, Brot, sprach das Dankgebet, brach das Brot und sagte: Das ist mein Leib für euch. Tut dies zu meinem Gedächtnis! Ebenso nahm er nach dem Mahl den Kelch und sprach: Dieser Kelch ist der Neue Bund in meinem Blut. Tut dies, sooft ihr daraus trinkt, zu meinem Gedächtnis! Denn sooft ihr von diesem Brot esst und aus dem Kelch trinkt, verkündet ihr den Tod des Herrn, bis er kommt.

Stille

### Antwortgesang

»Wir rühmen dich, König der Herrlichkeit« (GL 483) (V/A)

### Zweite Lesung

▪ Der Philosoph und Märtyrer Justin schildert die altchristliche Eucharistiefeier am Sonntag. Wir hören den ältesten Bericht über eine Eucharistiefeier der Kirche.

An der Eucharistie darf nur teilnehmen, wer an die Wahrheit unserer Lehre glaubt, wer gewaschen ist in dem Bad der Sündenvergebung und Wiedergeburt und wer nach der Weisung Christi lebt.
Denn nicht wie gewöhnliches Brot und gewöhnlichen Trank empfangen wir diese Gaben. Es verhält sich vielmehr so: Jesus Christus, unser Erlöser, ist durch das Wort Gottes Fleisch geworden und hat Fleisch und Blut zu unserem Heil angenommen. In gleicher Weise wird auch durch eine Gebetsrede, die von ihm kommt, diese Nahrung zur Eucharistie. Mit ihr werden unser Fleisch und Blut genährt und umgewandelt. Und diese Nahrung ist, so sind wir belehrt worden, Fleisch und Blut des fleischgewordenen Jesus.

In ihren Erinnerungen, die man Evangelien nennt, haben die Apostel überliefert, Jesus habe ihnen diesen Auftrag gegeben: Er habe Brot genommen, Dank gesagt und dann gesprochen: Tut dies zu meinem Gedächtnis, das ist mein Leib. Auf gleiche Weise habe er den Kelch genommen, Dank gesagt und dann gesprochen: Das ist mein Blut (vgl. Lk 22,19–20), und ihnen allein hat er dann beides gegeben. Seitdem rufen wir es uns gegenseitig immer wieder in Erinnerung. Soweit wir Besitz haben, helfen wir allen, die bedürftig sind, und wir versammeln uns immer wieder. Bei allem, was wir darbringen, loben wir den Schöpfer des Alls durch seinen Sohn Jesus Christus und den Heiligen Geist.

An dem Tag, der »Tag der Sonne« genannt wird, kommen alle in der Stadt und auf dem Land Wohnenden am gleichen Ort zusammen. Dann werden die Erinnerungen der Apostel vorgelesen oder die Schriften der Propheten, solange es die Zeit erlaubt. Wenn dann der Vorleser seinen Dienst beendet hat, hält der Vorsteher eine Ansprache, in der er eindringlich mahnt, diese guten Lehren zu befolgen.
Dann stehen wir alle zusammen auf und beten. Dann, wie schon gesagt, wenn das Gebet beendet ist, wird Brot, Wein und Wasser herbeigebracht. Der Vorsteher sendet mit aller Kraft Gebete und Danksagungen empor und die Gemeinde stimmt zu, indem sie das Amen spricht. Dann erhält jeder der Anwesenden Anteil an den Gaben, über welche die Danksagung gesprochen ist. Den Abwesenden wird davon durch die Diakone geschickt.
Die Wohlhabenden und alle, die es wollen, spenden dann nach eigenem Ermessen, was sie sich vorgenommen haben.
Das Ergebnis der Sammlung wird beim Vorsteher hinterlegt. Er sorgt dann für die Waisen und Witwen und für alle, die an einer Krankheit oder sonst einem Übel leiden, auch für die Gefangenen, die ankommenden Fremden, kurz für alle, die in Not sind. Ihrer aller nimmt er sich an.

Stille

▪ Die Gemeinsame Synode der deutschen Bistümer sagt:

In der Feier der Eucharistie sollen die Gemeinde und jeder einzelne Christ das Vermächtnis des Herrn »Tut dies zu meinem

Gedächtnis« erfüllen und dabei bekennen und erfahren, dass Gott, der Jesus von den Toten auferweckt hat, auch dem Glaubenden treu bleibt und dass Jesus Christus seiner Kirche in jeder geschichtlichen Situation nahe ist bis zum Ende der Zeiten. Durch ihn, mit ihm und in ihm können wir in Anbetung und im Lob und Dank an den Vater unserem Leben Sinn und Zukunft geben. Die Eucharistiefeier ist somit die vornehmste Aufgabe der Kirche und jeder ihrer Gemeinden.
Diese Grundverpflichtung kann die Gemeinde aber nur erfüllen, wenn ihre Mitglieder regelmäßig die sonntägliche Eucharistie mitfeiern. Dies ist heute besonders notwendig, da die Gesellschaft durch ihren Lebensstil die christliche Feier des Sonntags weithin nicht mehr stützt und der Gottesdienstbesuch nicht mehr wie früher eine selbstverständliche Sitte ist. Somit wird die Aufgabe der Gemeinde in stärkerem Maße zur Verpflichtung des Einzelnen, und zwar zu einer inneren Verpflichtung aus dem Glauben.
Der einzelne Christ kann aber auch in seinem Glauben nur bestehen und wachsen, wenn er immer wieder das Gedächtnis des Todes und der Auferstehung Jesu mitfeiert. Zudem braucht der Einzelne, um glauben zu können, das Zeugnis des anderen und der Gemeinde. Denn jede menschliche Gemeinschaft lebt nicht nur von der Idee und von den Absichten, die sie bestimmen, sondern auch von den konkreten Zusammenkünften, in denen man sich seiner Sache versichert und sie öffentlich darstellt. So bezeugen wir im Gottesdienst unseren Glauben auch voreinander und werden darin für unser Leben gestützt und getragen. Damit entspricht der Pflicht zur Teilnahme an der Eucharistie auch ein Recht zur Mitfeier. Deshalb sind alle Gläubigen zur regelmäßigen Teilnahme am sonntäglichen Gottesdienst verpflichtet, in Dankbarkeit und Liebe gegen Gott, in Verantwortung für sich und die Gemeinde und auch in Stellvertretung derer, die dem Gottesdienst fernbleiben oder den Herrn nicht kennen.

Stille

Antwortgesang

»Lob sei dem Herrn, Ruhm seinem Namen« (GL 493) (V/A)

## ABSCHLUSS

Te Deum

- GL 706
- GL 257 (Strophen in Auswahl)

Gebet

Herr Jesus Christus, im wunderbaren Sakrament des Altares hast du uns das Gedächtnis deines Leidens und deiner Auferstehung hinterlassen. Gib uns die Gnade, die heiligen Geheimnisse deines Leibes und Blutes so zu verehren, dass uns die Frucht der Erlösung zuteil wird. Der du in der Einheit des Heiligen Geistes mit Gott dem Vater lebst und herrschest in alle Ewigkeit. Amen.

V Singet Lob und Preis
A Dank sei Gott, dem Herrn.

# BETSTUNDEN

Die Betstunden am Tag des Ewigen Gebetes oder bei anderen Anlässen sind Ausdruck der eucharistischen Anbetung. Sie ist ein ganzheitliches Geschehen, vollzogen mit Leib und Seele, Stimme und Herz.
Zu einer Betstunde gehören Lesungen, in erster Linie aus der Heiligen Schrift, aber auch aus der Tradition der Kirche sowie Gebete und Gesänge in ihren verschiedenen Formen. Die Vielfalt des Betens und Singens, wie es die Liturgie kennt, hat in einer Betstunde Raum. Solche Gebetszeiten sollen auch von der Stille geprägt sein gemäß dem Grundsatz der Liturgie-Konstitution: »Auch das heilige Schweigen soll zu seiner Zeit eingehalten werden« (SC 30).
Für eine eucharistische Betstunde empfiehlt sich folgender Aufbau:

## ERÖFFNUNG

### Eröffnungsruf

- Im Namen des Vaters und des Sohnes und des Heiligen Geistes. Amen.

- V Der Name des Herrn sei gepriesen
  A Von nun an bis in Ewigkeit.

- V Unsere Hilfe ist im Namen des Herrn
  A Der Himmel und Erde erschaffen hat.

- V Gelobt und gepriesen sei ohne End
  A Jesus im allerheiligsten Sakrament

- V Gelobt sei Jesus Christus
  A In alle Ewigkeit. Amen.

- V Der auferstandene Herr Jesus Christus ist unter uns gegenwärtig, heute und alle Tage bis in Ewigkeit.
  A Amen.

- V Jesus Christus ist unter uns und schenkt uns seinen Frieden.
  A Amen.

Einführende Worte

Lied

Gebet

Herr Jesus Christus, in Demut treten wir hinzu und beten dich an in der Gestalt des heiligen Brotes. Du begegnest uns in dieser schlichten Form des scheinbar Alltäglichen. Im Glauben wissen wir, dass du selbst unter dieser Gestalt unter uns gegenwärtig bist. Nimm unser Beten und Singen gnädig an und segne unser Beginnen. Schenke uns ein demütiges und schlichtes Herz, um so beten zu können, dass es dir zur Ehre und uns zum Heile gereicht. Amen.
(Prause/Foelz, Das Geheimnis lasst uns künden, 43)

Vater im Himmel, du hast uns Jesus, deinen Sohn, gesandt. Er ist Mensch geworden, »in allem uns gleich, außer der Sünde«. Er ist unter uns gegenwärtig unter der Gestalt des Brotes. Er ist in seiner Gemeinde gegenwärtig, wenn »zwei oder drei sich in seinem Namen versammeln«. Stärke die Herzen der versammelten Gemeinde und erleuchte unseren Verstand, damit dein Segen auf uns ruhe. Sei uns nahe mit deinen Eingebungen, damit unser Gebet durchdrungen ist von deinem Geist. Darum bitten wir durch Christus, unseren Herrn. Amen.
(Prause/Foelz, 43)

Vater im Himmel, sieh auf deine Gemeinde, die sich im Namen deines Sohnes Jesus Christus versammelt hat, und nimm sie in Gnaden an. Groß ist unsere Not und die Gespaltenheit unserer Herzen. Schenk uns den Geist deines Sohnes, um so beten zu können, wie es vor dir recht und wohlgefällig ist. Stärke unseren Glauben, der durch so viel Anfechtungen geht, und erneuere in uns die Liebe. Gib uns jene Hoffnung, die durch alle Enttäuschungen durchträgt. Dann wird es uns gelingen, durch die Kraft des Heiligen Geistes gestärkt, unseren Weg weiterzugehen, bis wir eines Tages zu dir gelangen. Darum bitten wir dich durch unseren Herrn Jesus Christus, der lebt und herrscht von Ewigkeit zu Ewigkeit. Amen.
(Prause/Foelz, 44)

Herr Jesus Christus, wir haben uns vor dir versammelt, um dir Dank zu sagen. So oft kommst du zu uns in der heiligen Eucharistie. Aus dieser Kraft deiner Gnade bestreiten wir unser tägliches Leben. Es ist Zeit, o Herr, dir in ganz besonderer Weise zu danken. Zu oft sind wir zerstreut hinzugetreten und gedankenlos weggegangen. Wir waren zu wenig bereitet. Schenke uns jetzt die Gnade der inneren Erneuerung, dir in Zukunft in würdiger Weise begegnen zu können. Du kennst unsere menschliche Schwäche, aber auch unseren guten Willen. Noch mehr aber weißt du um den großen Dank und die Freude in unseren Herzen, eine Quelle zu haben, aus der wir leben können. Diese Quelle ist die Feier der heiligen Eucharistie. Nimm unseren Dank an, o Herr, für die vielen Male, da du uns begegnet bist und uns zum Quell des Lebens wurdest. Amen.
(Prause/Foelz, 44)

Herr Jesus Christus, wir haben uns hier versammelt, nicht um Eucharistie zu feiern, sondern dich unter der Gestalt des Brotes anzubeten. Wir sehen dieses Brot in der kostbaren Monstranz, das wir sonst in Händen halten und in uns aufnehmen dürfen. Herr, du bist uns kostbar. Da wir das aussprechen, erschrecken wir vor uns selbst und unserem oberflächlichen Umgang mit dir. Zeiten vor uns hätten es nicht gewagt, dieses Brot mit Händen zu berühren. Wir tun es, da wir wissen, dass du ganz einer von uns werden wolltest. Aber wir haben es an uns, Herr, dass wir es mit der Zeit an der Ehrfurcht fehlen lassen, die eigentlich aus großer Liebe heraus aufsteigen müsste. Herr, wir sehen dich zuweilen wohl auch mehr als unseren Bruder und zu wenig als unseren Herrn und Gott. Du wirst uns das in deiner Barmherzigkeit verzeihen, aber der Schaden für uns ist groß. Lass uns Zeichen der Ehrfurcht finden, die das tiefe Geheimnis deiner Gottheit im unscheinbaren Zeichen des Brotes zum Leuchten bringen. Nimm die Anbetung dieser Stunde entgegen als Sohn des Vaters, der Mensch wurde, um uns zu erlösen. Du bist uns ähnlich, Herr, durch diese deine Menschheit und so ganz und gar über alles Menschliche erhaben durch deine Gottheit. Lass uns beides immer gegenwärtig haben in der Begegnung mit dir: unserem Bruder und Gott. Amen.
(Prause/Foelz, 45)

8.8.02 Mannheim
.9.02 In der hl. Eucharistie

Herr Jesus Christus, wir glauben und bekennen: Du bist gegenwärtig in unserer Mitte. Wir neigen uns vor dir und beten dich an. ~~Im heiligen Brot~~ lässt du uns teilhaben an deinem Leben und deiner Liebe. Wir bringen unsere Sorgen und Nöte, unsere Bedrängnisse und Ängste vor dich: denn du lässt uns niemals allein. Wir stimmen ein in den Lobpreis, den du dem himmlischen Vater darbringst. Mit ihm ehren und verherrlichen wir dich heute und in Ewigkeit. Amen.

Sei gelobt, Herr Jesus Christ, in dem wunderbaren Brote,
das die Frucht aus deinem Tode, uns ein neues Leben ist.

Sei gelobt, Herr Jesus Christ. Du hast dich dem Kreuz ergeben,
uns zur Sühne, uns zum Leben, und die Schuld der Welt gebüßt.

Sei gelobt, Herr Jesus Christ. Du bist in der Welt geblieben,
uns zu heilen, uns zu lieben, bis die Welt vergangen ist.

Sei gelobt, Herr Jesus Christ. Nimm zum Dank auch unser Leben,
das wir ganz zum Opfer geben, bis es deiner würdig ist.

(GL 540 – Text: Georg Thurmair)

## BETRACHTUNG

Für die Betrachtung stehen zur Verfügung:

- Die Auswahl von »Bausteinen« zu Betrachtungen in dieser Handreichung (Seite 97ff).
  Es können jeweils ein »Baustein« oder mehrere verwendet werden.
- Die im Gotteslob enthaltenen Abschnitte der Eucharistischen Andacht (GL 779), der Andacht zum heiligsten Herzen Jesu (GL 780) und der Andacht zu Jesus Christus (GL 781). In den Betstunden verdient das Anliegen »Geistliche Berufe« besondere Beachtung (vgl. Andacht von der Kirche, GL 786 und 787, sowie Gebete, GL 27).
- Lesungen, Betrachtungen, Gesänge und Gebete nach freier Auswahl.

ANBETUNG

- Litanei oder Christusrufe
- Gebet

ABSCHLUSS

- Lied
- Segensbitte

▪ V Es segne uns der allmächtige Gott,
der Vater und der Sohn und der Heilige Geist.
A Amen.

▪ V Der Vater schenke uns seine Liebe.
A Amen.
V Der Sohn erfülle uns mit seinem Leben.
A Amen
V Der Heilige Geist stärke uns mit seiner Kraft.
A Amen.

▪ V Der Herr segne uns,
er bewahre uns vor Unheil
und führe uns zum ewigen Leben.

A Amen.

▪ V Der Herr segne uns,
er zeige uns seine Wege
und lehre uns seine Pfade.

A Amen.

▪ V Der Herr segne uns,
er erfülle unsere Sehnsucht
und gebe uns Speise zur rechten Zeit.

A Amen.

# SCHRIFTBETRACHTUNGEN

## Ein Brot ist es, darum sind wir ein Leib

LESUNG

1 Kor 10,16–17
Ist der Kelch des Segens, über den wir den Segen sprechen, nicht Teilhabe am Blut Christi? Ist das Brot, das wir brechen, nicht Teilhabe am Leib Christi? *Ein* Brot ist es. Darum sind wir viele *ein* Leib; denn wir alle haben teil an dem einen Brot.

BETRACHTUNG

Obwohl in unseren Gottesdiensträumen nicht unbedingt der Hauch der großen Welt weht, wissen wir uns – sobald wir uns zur Anbetung versammeln – verbunden mit vielen glaubenden Menschen in der ganzen Welt. Denn wir sind verbunden mit allen, die von dem einen Brot essen und Christus in dem einen Brot verehren. So schreibt es der heilige Paulus auch an uns.
Paulus machte sich damals Sorgen, da er Ansätze von Spaltung innerhalb der korinthischen Gemeinde sieht. Um den Willen zur Einheit innerhalb der christlichen Gemeinde zu wecken, bringt er nicht Gründe der Zweckmäßigkeit ins Spiel; er erinnert an das zentrale Geheimnis: Da wir alle an dem einen Brot teilhaben, sind viele zu einem Leib geworden. Die vielen sind für uns alle Glieder unserer Gemeinde, auch alle, die nicht körperlich hier anwesend sind. Die vielen sind für uns alle Glieder unseres Bistums und der Weltkirche. Die vielen sind für uns auch alle glaubenden Christen, die mit uns auf dem Weg sind in den verschiedenen christlichen Kirchen und Gemeinschaften.
Wer also teilnimmt, hat teil an dem einen Brot. Und dies bedeutet: Das gebrochene Brot bringt Gemeinschaft mit dem gekreuzigten, auferstandenen und wiederkommenden Herrn. Das Empfangen dieses unscheinbaren Stückchens Brot bringt Gemeinschaft mit dem, der für uns durch das Tal des Todes hindurch zum Leben gekommen ist und uns die Verheißung neuen Lebens hinterlas-

sen hat. In der Anbetung möchten wir dieses Geschenk am liebsten festhalten.

Durch etwas ganz Alltägliches also wird zunächst die Gemeinschaft mit Christus und die Gemeinschaft der an ihn Glaubenden dargestellt. Brot: »Das Brot, das wir brechen, ist es nicht Teilhabe am Leib Christi? *Ein* Brot ist es. Darum sind wir viele ein Leib; denn wir alle haben teil an dem einen Brot.«

Brot – etwas Alltägliches und Lebensnotwendiges also – wurde als unsere Opfergabe in einer Schale zum Altar gebracht. Dieses Brot wird verwandelt, gebrochen und ausgeteilt. Brot ist für uns der Inbegriff des Alltäglichen, freilich auch des Lebensnotwendigen. Alltäglich, weil wir es jeden Tag – oft gedankenlos – essen, und lebensnotwendig, weil wir es tatsächlich brauchen.

Wenn wir nicht Gottesdienst und Leben voneinander steril trennen wollen, wenn wir nicht das, was wir feiern einerseits und unsere allgemeinen Erfahrungen andererseits auseinandernehmen, ist es uns durchaus erlaubt, all unsere Erfahrungen mit unserem Brot, dem alltäglichen und lebensnotwendigen Brot, das die Gemeinschaft mit Jesus Christus und die Gemeinschaft seiner Jünger darstellen soll, dazuzudenken. Das Brot des Lebens, das wir in einem kostbaren Gerät – der Monstranz – geborgen haben, hat viel zu tun mit dem Brot, das wir täglich zum Frühstück bekommen. Aber es ist auch noch einmal etwas anderes, es ist mehr: Es ist verwandelt – so hat man es uns im Religionsunterricht gesagt. Verwandelt ... Es bleibt eine fast unlösbare Aufgabe, klar und deutlich zu machen, was hier eigentlich mit »verwandelt« gemeint ist. Nun könnte ich dazu ein theologisches Lehrbuch aufschlagen und daraus vorlesen. Ob das viel brächte?

Ich wähle einen einfachen Weg und greife zurück auf einen alltäglichen Vergleich: Wenn in unserem Lebenskreis ein Bekannter oder ein Freund missmutig und argwöhnisch, misstrauisch und verschlossen ist, kann ein freundliches Wort, eine kleine Aufmerksamkeit, ein versöhnliches Gespräch dazu helfen, dass er plötzlich wieder auftaut. Man kann wieder etwas mit ihm haben, sagen wir, und er sei wie verwandelt.

Der Außenstehende, der Distanzierte, der diesen Freund nicht leiden kann, der ihm nicht wohlgesonnen ist, der wird freilich sagen: Nach Maß und Gewicht ist es noch immer der gleiche Mann, er trägt den gleichen Namen und die gleiche Nummer in der Einwohnerkartei. Es hat sich nichts geändert.

Der aber, der ihm entgegenkommt, ihm vertrauen möchte, nimmt etwas anderes, eine Wandlung, wahr. – Auch das Brot ist vorher und nachher nach Maß und Gewicht das gleiche Brot, es schmeckt nach wie vor nach Brot, aber es ist für den, der glaubt, Zeichen der Gemeinschaft mit Jesus Christus, Zeichen der Einheit der Christen untereinander.
Was wir wahrnehmen können, wie dies in Gang kommt, hängt freilich sehr von unserer Verfassung ab. Wir können das Brot nach wie vor nach seinem Nutzwert bestimmen. Damit ist aber bei weitem nicht alles gesagt. Brot kann zum Beispiel auch erfasst werden als Inbegriff des Lebensnotwendigen. Eines schließt das andere nicht aus. Es sind nur Erfahrungen auf zwei verschiedenen, gültigen Ebenen.
Seit Jesus Christus am Abend vor seinem Leiden Brot und Wein als Zeichen seines Lebenseinsatzes zur Versöhnung und Rettung der Welt erklärt hat, hat bei dieser Feier das Brot diese Bedeutung für uns: greifbares Zeichen seiner Liebe. Und dies unabhängig von unserem Glauben oder Unglauben. Zugänglich aber wird dies nur dem, der diese Ebene bejaht. Mit anderen Worten: Erfahrbar wird diese neue Wirklichkeit nur dem, der seinen Sinn dafür gläubig öffnet. Diese Zeichen der Liebe – das Brot des Lebens und der Kelch des Heiles – sollen denen, die an Jesus Christus glauben, zu Speise und Trank werden. Jedem, der wahrnehmen möchte, dass in alltäglicher Gestalt das Lebensnotwendige – für unser christliches Leben Notwendige – angeboten ist.
Ehe uns dieses Brot zur Speise gereicht wird, wird es gebrochen. Wenn ich mein Brot allein esse, brauche ich es nicht zu brechen. Indem ich das Brot aber breche, zeige ich, dass andere daran teilhaben sollen. Und dass die vielen, die von diesem Brot essen, eins werden sollen – eine Gemeinschaft derer, die mit Jesus Christus verbunden sind, weil sie von diesem Brot, dem Zeichen der Gemeinschaft mit ihm und untereinander gegessen haben. So also wird dieses Brot, das entstanden ist aus vielen gemahlenen Körnern, aus Mehl zusammengebacken zu einem Ganzen, so wird dieses Brot zum Sinnbild derer, die zu diesem Mahl kommen und zum Sinnbild ihrer Gemeinschaft mit Jesus Christus.

LIED

»Dank sei dir, Vater, für das ewge Leben« (GL 634)

GEBET

Was jetzt Brot ist, das war vorher zerstreut in vielen Körnern auf den Feldern. Was jetzt Wein ist, das waren viele Beeren des Weinstocks. Wie wir sie gesammelt und zu einer Einheit gemacht haben, sodass es ein Brot und ein Wein ist, so sammle uns zur Einheit in deiner Kirche! Mache aus den Menschen aller Rassen, aller Länder und aller Stände eine einige Christenheit. Die Christen jedes Dorfes und jeder Stadt, jedes Berufes und jeder Familie, mache sie zu einer innigen Gemeinschaft! Erfülle uns mit Heiligkeit, lass uns in deiner Liebe leben. In deiner unendlichen Ewigkeit bist du Vater, Sohn und Heiliger Geist, ein einziger Gott, in geheimnisvoller Dreieinigkeit. So sammle, Herr, deine Kirche aus jeder Klasse, aus jedem Land, aus jedem Dorf und aus jeder Familie in deiner einen, allumfassenden Kirche! Erfülle uns mit Heiligkeit, lass uns einig sein in deiner Liebe. Amen.

(Orientalisches Eucharistiegebet)

SEGENSGEBET

V Unser Herr Jesus Christus gewähre uns Segen und Heil, damit wir mutig die Wege des Glaubens, der Hoffnung und der Liebe gehen können.

A Amen.

V Unser Herr Jesus Christus stärke unseren Glauben durch sein Wort und durch sein Sakrament, damit wir als Glieder des einen Leibes in seinem Geist leben können.

A Amen.

V Unser Herr Jesus Christus lenke unsere Schritte auf den Weg des Friedens, damit wir beharrlich im Guten fortschreiten und Vollendung finden an dem Tag, da das Hochzeitsmahl des ewigen Lebens eröffnet wird.

A Amen.

Dazu segne uns der allmächtige Gott.

*Anton Bauer*

# Wo Jesus uns begegnet

LESUNG

Joh 6,48–51
In jener Zeit sprach Jesus zu der Menge: Ich bin das Brot des Lebens. Eure Väter haben in der Wüste das Manna gegessen und sind gestorben. So aber ist es mit dem Brot, das vom Himmel herabkommt: Wenn jemand davon isst, wird er nicht sterben. Ich bin das lebendige Brot, das vom Himmel herabgekommen ist. Wer von diesem Brot isst, wird in Ewigkeit leben. Das Brot, das ich geben werde, ist mein Fleisch, (ich gebe es hin) für das Leben der Welt.

BETRACHTUNG

Die Mitte unseres Glaubens ist eine Person: Jesus selbst. Die Lehre, die er verkündet hat, ist unglaublich heilsam und menschlich – aber ER selbst ist die Mitte. Die Zeichen, die er getan hat, sind wunderbar – aber ER selbst ist der Wunderbare. Der Tod, den er gestorben ist, war schrecklich – aber ER bleibt der Lebendige. Die Auferweckung, die an IHM geschehen ist, war ungeheuerlich – aber ER selbst ist der Gegenwärtige. Die Mitte unseres Glaubens ist Jesus selbst.
Wir begegnen Jesus in der Überlieferung der Schrift. Wir wissen von seinen Gleichnissen, in denen er das Reich Gottes angekündigt hat. Wir haben von seinen Taten gehört und vom Staunen der Menschen, die gesagt haben: »Er hat alles wunderbar gemacht!« Wir versuchen sein Gebot zu beherzigen, dass die Liebe das Größte und Erste im menschlichen Leben ist und bleiben muss. In uns allen ist ein Wissen von Jesus als eine eher ferne Erinnerung oder als Lebensmodell, nach dem wir zu leben versuchen.
Wir begegnen Jesus in unserem Gebet. Für viele von uns mag es ungewohnt sein, Jesus im persönlichen Gebet direkt anzusprechen, IHN anzurufen. Wir reden eher Gott, unseren Vater, an. Aber alle Gebete in unseren gottesdienstlichen Versammlungen richten wir im Namen Jesu an Gott, darum schließen sie mit der Formel »durch Christus, unseren Herrn«. Wir beten nicht nur im Namen Jesu, wir beten auch mit ihm: aus dem Gebetbuch Jesu,

dem Buch der Psalmen. Es ist bis heute der Gebetsschatz von Juden und Christen. Wir sprechen mit den Worten Jesu, wie er sie gelehrt hat.

Wir begegnen Jesus am tiefsten in der Eucharistie, in der Feier der Eucharistie und in der eucharistischen Gabe. Wir sagen von der eucharistischen Gabe, sie ist »das Allerheiligste«. An diesem Allerheiligsten machen wir alles fest, was uns von Gott her zugedacht und zugesprochen wird. An diesem Allerheiligsten machen wir unseren persönlichen und unseren gemeinsamen Glauben fest. Im Allerheiligsten wird das Wort Jesu anschaulich und zum Verkosten: »Ich bin das Brot des Lebens.« In diesem Brot ist alles enthalten: alles, was wir von ihm wissen; alles, was er getan hat; alles, was wir glauben; alles, was wir von ihm erhoffen; alles, was wir erbitten; alles, was wir ersehnen. Das unscheinbare Brot ist der Angelpunkt, an dem wir uns selbst und unseren Glauben festmachen.

Brot ist zum Essen da. Das weiß jeder. In den meisten Menschen ist noch ein waches Gespür dafür, dass sie das Brot nicht verderben lassen dürfen und mit dem Brot achtsam umgehen müssen. Brot soll nähren, es darf nicht verkommen. Auch das eucharistische Brot ist zum Essen da. Schade, dass unser Umgang mit diesem Brot manchmal so von Angst und Vorbehalten besetzt ist. Wenn Gott Brot vom Himmel gibt, dann will er, dass wir davon essen. Und wenn Jesus von sich sagt: »Ich bin das Brot des Lebens«, dann will er, dass wir davon essen und darin sein Leben empfangen.

Im Teilen und im Essen des Brotes sind wir IHM ganz verbunden. Im Essen des Brotes haben wir Anteil an seinem Leben, an seinen Worten, an seinen Wundern, an seinem Tod und an seiner Auferstehung. Im Essen des Brotes geschieht an uns, was an IHM geschehen ist: Wandlung und Vollendung. Die Wandlung vom Tod zum Leben und die Vollendung in Gottes Herrlichkeit. Wir sind in IHM. Im Brot, das ER selbst uns austeilt, ist unser Leben in seinem Leben aufgehoben.

GEBET

Herr, Jesus Christus,
im Brot bist du uns gegenwärtig:
Die Gleichnisse, die du erzählt hast.

Das Reich Gottes, das du angekündigt hast.
Das Wort der Liebe, das du für jeden wahr gemacht hast.
Den Ruf zur Nachfolge, der allen gilt.
Das Wort des Gerichts, das zur Umkehr mahnt.
Im Brot bist du uns gegenwärtig,
Herr, Jesus Christus.

KV »Der Herr ernährt uns mit dem Brote des Lebens« (GL 535,5)

Herr, Jesus Christus,
im Brot bist du uns gegenwärtig:
Die Wunder der Heilung, die durch dich geschehen sind.
Die Bannung des Bösen, durch die Menschen frei geworden sind.
Die Sammlung von Menschen, die du zusammengeführt hast.
Die Speisung der Hungrigen, die durch dich satt geworden sind.
Die großen Zeichen Gottes, die in unserer Welt bis heute geschehen.
Du bist uns gegenwärtig im Brot,
Herr, Jesus Christus.

KV »Der Herr ernährt uns mit dem Brote des Lebens« (GL 535,5)

Herr, Jesus Christus,
im Brot bist du uns gegenwärtig:
Das Leben, das du uns vorgelebt hast.
Der schreckliche Tod, den du gestorben bist.
Die Auferstehung, die an dir geschehen ist.
Die Vollendung, in der du bleibst.
Die Herrlichkeit, die mit dir aufscheint.
Du bist uns gegenwärtig im Brot,
Herr, Jesus Christus.

KV »Der Herr ernährt uns mit dem Brote des Lebens« (GL 535,5)

*Anton Seeberger*

# Alle aßen und wurden satt

## LESUNG

Mk 6,30–44
In jener Zeit versammelten sich die Apostel wieder bei Jesus und berichteten ihm alles, was sie getan und gelehrt hatten. Da sagte er zu ihnen: Kommt mit an einen einsamen Ort, wo wir allein sind, und ruht ein wenig aus. Denn sie fanden nicht einmal Zeit zum Essen, so zahlreich waren die Leute, die kamen und gingen. Sie fuhren also mit dem Boot in eine einsame Gegend, um allein zu sein. Aber man sah sie abfahren und viele erfuhren davon; sie liefen zu Fuß aus allen Städten dorthin und kamen noch vor ihnen an. Als er ausstieg und die vielen Menschen sah, hatte er Mitleid mit ihnen; denn sie waren wie Schafe, die keinen Hirten haben. Und er lehrte sie lange.
Gegen Abend kamen seine Jünger zu ihm und sagten: Der Ort ist abgelegen und es ist schon spät. Schick sie weg, damit sie in die umliegenden Gehöfte und Dörfer gehen und sich etwas zu essen kaufen können. Er erwiderte: Gebt ihr ihnen zu essen! Sie sagten zu ihm: Sollen wir weggehen, für zweihundert Denare Brot kaufen und es ihnen geben, damit sie zu essen haben? Er sagte zu ihnen: Wie viele Brote habt ihr? Geht und seht nach! Sie sahen nach und berichteten: Fünf Brote und außerdem zwei Fische. Dann befahl er ihnen, den Leuten zu sagen, sie sollten sich in Gruppen ins grüne Gras setzen. Und sie setzten sich in Gruppen zu hundert und zu fünfzig. Darauf nahm er die fünf Brote und die zwei Fische, blickte zum Himmel auf, sprach den Lobpreis, brach die Brote und gab sie den Jüngern, damit sie sie an die Leute austeilten. Auch die zwei Fische ließ er unter allen verteilen. Und alle aßen und wurden satt. Als die Jünger die Reste der Brote und auch der Fische einsammelten, wurden zwölf Körbe voll. Es waren fünftausend Männer, die von den Broten gegessen hatten.

## BETRACHTUNG

So kennen wir Jesus und so haben es die Menschen damals erlebt: Er sieht sie, die vielen und die Einzelnen – und wie er sie an-

sieht, sieht er ihre Not, ihre Sehnsüchte, ihre Hoffnungen, ihren Hunger. Er leidet mit den Leidenden, trauert mit den Trauernden, klagt mit den Klagenden und feiert mit den Fröhlichen. Er kennt ihre Wünsche und weiß, was sie tröstet. Deshalb spricht er mit ihnen und zu ihnen. Und seine Worte bewirken, was sie sagen. Sie spüren, wie mächtig, wie wahr, wie gedeckt durch sein ganzes Leben diese Worte sind. Da können sie sich gar nicht satt hören, da scheint die Zeit stillzustehen, da vergessen sie alles um sich herum, da sind sie ganz Aug und ganz Ohr, denn was kein Auge geschaut und kein Ohr gehört hat, das können sie erleben: Er tut, was er sagt, er ist, was er tut: der Heiland und das Heil für sie.
Und dann, welcher Kontrast! Die Jünger, die Realisten, die nüchtern genug sind, jetzt einzugreifen, wo die Lage sich zuspitzt: Es ist Zeit zum Aufhören, die Menschen brauchen etwas zum Essen, nicht vom Wort und Hören allein lebt der Mensch! Schließlich bleibt es doch an ihnen hängen und sie haben nicht, was jetzt nötig ist: Essen für ein paar tausend Menschen. Deshalb greifen sie ein: Schick sie weg! Für heute reicht es. Jetzt muss jeder selbst sehen, wie er sich versorgen kann. Das kann nicht auch noch die Sache Jesus sein.
Doch Jesus bleibt sich treu, er bleibt auf dem Weg, den er ein für alle Mal eingeschlagen hat: Freude und Trauer, Hoffnung und Not der Menschen sind auch Freude und Trauer, Hoffnung und Not der Jüngerinnen und Jünger dessen, der selber für die Menschen Brot in ihrem Lebenshunger sein will. »Gebt ihr ihnen zu essen« – das ist klar und eindeutig. Da hilft keine ausweichende Frage wie: »Das geht doch gar nicht! Das sind viel zu viele. Wie sollen wir die alle satt bekommen?« – »Das ist doch gar nicht unser Geschäft. Jeder muss für sich selbst sorgen. Genug, dass du sie diesen Tag lang angehört hast.«
Jesus zeigt ihnen, wie es geht. Er zeigt ihnen eine Möglichkeit, die seither die christliche Lösung angesichts von Not, Elend und Hunger (auch dem leiblichen) der Menschen ist. Die Angst der Jünger entsolidarisiert die Menschen: Es könnte nicht reichen, die paar Brote und Fische wären zu wenig, um überhaupt das Teilen und Verteilen anzufangen, da würden dann auch die zu kurz kommen, die klugerweise Vorräte mitgebracht haben ... In diese Angst hinein lässt Jesus die Leute sich setzen. Sie dürfen bleiben und er bleibt bei ihnen. Die Jünger haben Angst vor dieser Menge – wenn Panik ausbricht? Sie haben Angst vor dieser

Herausforderung – erwächst daraus eine Abhängigkeit? Deshalb sind sie genauso entschieden: »Es reicht nicht. So ist das eben. Es sind zu viele und unsere Möglichkeiten sind zu gering. Was wir haben, ist zu wenig, und wir müssen auch an die Folgen denken.« Jesus aber lässt das herbeibringen, was da ist. Er will, dass sichtbar und öffentlich wird, was irgendwo versteckt vorhanden war. Und das Wunder geschieht: Über der Besinnung auf die Möglichkeit und die zuerst so gering erscheinende Chance, über dem Zusammentragen der bescheidenen Vorräte und über dem Weitergeben der geringen Mittel liegt sein Segen. Der Segen, der verheißt, dass es reicht, wenn jeder das gibt, was er hat. Denn Jesus nimmt die Angst, zu kurz zu kommen, und segnet die Bereitschaft zum Teilen, die Haltung des kleinen Anfangs. Er legt dazu, was dann aushalten lässt in geschwisterlicher Verbundenheit – gerade auch in der Not: seinen Segen, umsonst, aus Gnade, reichlich und in Fülle. Denn er ist gekommen, damit sie, die Menschen, die Schwestern und Brüder, die vielen in nah und fern das Leben haben – und das in Fülle. Damit niemand vor Hunger sterben muss. Damals nicht und heute nicht.

LIED

»Brich dem Hungrigen dein Brot« (GL 618)

WECHSELGEBET

V/A Wenn jeder gibt, was er hat, dann werden alle satt.

V Jesus,
Brot des Lebens,
Brot für die Menschen,
Brot, das unsere Augen öffnet für die Not der Schwestern und Brüder,
Brot, das unsere Herzen öffnet für die Hungrigen und Durstigen,
Brot, das unsere Hände öffnet für die Armen und Leidenden,
Jesus,
segne uns.

V/A Wenn jeder gibt, was er hat, dann werden alle satt.

V Jesus,
Brot des Lebens,
Brot für die Menschen,
Brot gegen die Angst, zu kurz zu kommen,
Brot in der Sorge, überfordert zu werden, wenn wir beginnen zu teilen,
Brot im Zweifel, ob das, was wir haben, für alle reicht,
Jesus,
segne uns.

V/A Wenn jeder gibt, was er hat, dann werden alle satt.

Jesus,
Brot des Lebens,
Brot für die Menschen,
Brot, das uns stärkt für den Glauben an deine Gegenwart unter uns,
Brot, das uns ermutigt in der Hoffnung, dass du uns nicht allein lässt,
Brot, das uns nährt für die Liebe zu denen, die uns brauchen,
Jesus,
segne uns.

V/A Wenn jeder gibt, was er hat, dann werden alle satt.

*Wolfgang Tripp*

# Tut dies zu meinem Gedächtnis

LESUNG

1 Kor 11,23–26
Ich habe vom Herrn empfangen, was ich euch dann überliefert habe: Jesus, der Herr, nahm in der Nacht, in der er ausgeliefert wurde, Brot, sprach das Dankgebet, brach das Brot und sagte: Das ist mein Leib für euch. Tut dies zu meinem Gedächtnis. Ebenso nahm er nach dem Mahl den Kelch und sprach: Dieser Kelch ist der Neue Bund in meinem Blut. Tut dies, sooft ihr daraus trinkt, zu meinem Gedächtnis. Denn sooft ihr von diesem Brot esst und aus dem Kelch trinkt, verkündet ihr den Tod des Herrn, bis er kommt.

BETRACHTUNG

Was für die Jünger im Abendmahlssaal gilt, was für die Christengemeinde in Korinth gilt – das gilt auch für uns hier und heute: Jesus, der Herr, versammelt uns um seinen Tisch. Er ist die Mitte für uns alle. Wir begehen sein Gedächtnis. Er verschenkt sich an uns in seinem Leib und Blut. Er schenkt allen die Gemeinschaft. Er nimmt jeden von uns hinein in seinen Neuen Bund. Er verbindet uns untereinander in seiner Liebe. So macht er ganz tief sein Wort wahr: »Einer ist euer Meister, ihr alle aber seid Brüder und Schwestern« (Mt 23,8).
Er ruft uns in seine Gemeinschaft; er macht aus uns eine Gemeinschaft. Diese Gemeinschaft sagt uns: Du bist nicht allein; du gehörst zu uns; wir brauchen dich – und du brauchst uns. Seit unserer Taufe sind wir in diese Christus-Gemeinschaft und Christen-Gemeinschaft hineingestellt. Und jetzt, wenn wir sein Gedächtnis begehen, gehören sie alle auch dazu: die Alten, die nicht mehr gehen können; die Kranken, die ans Bett oder den Rollstuhl gebunden sind; die ganz Kleinen, die die Sorge ihrer Eltern brauchen; und auch jene, denen er nicht mehr wichtig ist – auch sie gehören zu seiner und zu unserer Gemeinschaft. Tut dies zu meinem Gedächtnis: Vom Aufgang der Sonne bis zu ihrem Untergang werden sich heute Menschen um ihn versammeln und untereinander Gemeinschaft in seiner Liebe erfahren. Sie gehören auch zu uns und wir zu ihnen.

Sich als Gemeinschaft erkennen und anerkennen, ist für uns Heutige nicht mehr ganz einfach. Aber was wir vom Herrn empfangen und überliefert haben, setzt andere Maßstäbe: Der eine Herr ruft alle an seinen Tisch. Er macht keine Unterschiede zwischen Jungen und Alten, zwischen Kranken und Gesunden, zwischen Begabten und Einfachen. Er sortiert nicht aus nach Leistung, Können oder Wissen. Seine Liebe ist für alle da. Seine Liebe schenkt sich jedem in gleicher Fülle.

Tut dies zu meinem Gedächtnis. Wir essen sein Brot und verleiben uns seine Liebe und sein Leben ein. Wir sagen: Heilige Kommunion. Übersetzt heißt das: Wir sind mit Jesus, dem Herrn, vereint. Sein Leben und seine Liebe bis zum Letzten strömt durch mich – strömt durch uns. Wir sind alle in diesen Lebens-Strom der erlösenden Liebe hineingenommen. Mein Glauben, Hoffen und Lieben ist in Jesus, dem Herrn, verbunden mit dem Glauben, Hoffen und Lieben der anderen, die zusammen mit ihm und mit mir seine Gemeinschaft bilden. Aber auch mein Unvermögen und meine Nöte kann ich in diese Gemeinschaft mit einbringen. Wir dürfen ihn in unserer Mitte bitten: »Schau nicht auf unsere Sünden, sondern auf den Glauben deiner Kirche.«

Tut dies zu meinem Gedächtnis. Nach dem Herrenmahl machen sich die Christen mit Christus auf den Weg. Oder richtiger: Er wird mit ihnen unterwegs sein. Er ist die Mitte, die sie zusammenhält. Er ist die Liebe, von der wir im Alltag leben. Er ist das große Zeichen Gottes für diese Welt: der eine Leib, für alle in den Tod gegeben; die eine Liebe, die alle verbinden und zusammenführen möchte. Darum begehen wir sein Gedächtnis.

LIED

»O heilger Leib des Herrn« (GL 538)

WECHSELGEBET

V Jesus, unser Herr,

A erbarme dich unser.

V Unser Heiland<br>
Unser Erlöser<br>
Unser Freund

Unser Lehrer
Unser Vorbild

Jesus, Bruder der Armen
Jesus, Freund der Sünder
Jesus, Hilfe der Kranken
Jesus, Guter Hirt
Jesus, du Grundstein
Jesus, du Weizenkorn
Jesus, du Weinstock
Jesus, Brot, von dem wir leben
Jesus, Licht, durch das wir sehen
Jesus, Weg, auf dem wir gehen
Jesus, Wahrheit, die wir glauben
Jesus, Tür, durch die wir gehen
Jesus, unser Leben

(GL 765,2)

*Rolf Oster*

# Das ist mein Leib. Das ist mein Blut

## LESUNG

Mk 14,12–16.22–26

Am ersten Tag des Festes der Ungesäuerten Brote, an dem man das Paschalamm schlachtete, sagten die Jünger zu Jesus: Wo sollen wir das Paschalamm für dich vorbereiten? Da schickte er zwei seiner Jünger voraus und sagte zu ihnen: Geht in die Stadt; dort wird euch ein Mann begegnen, der einen Wasserkrug trägt. Folgt ihm, bis er in ein Haus hineingeht; dann sagt zu dem Herrn des Hauses: Der Meister lässt dich fragen: Wo ist der Raum, in dem ich mit meinen Jüngern das Paschalamm essen kann? Und der Hausherr wird euch einen großen Raum im Obergeschoss zeigen, der schon für das Festmahl hergerichtet und mit Polstern ausgestattet ist. Dort bereitet alles für uns vor! Die Jünger machten sich auf den Weg und kamen in die Stadt. Sie fanden alles so, wie er es ihnen gesagt hatte, und bereiteten das Paschamahl vor.

Während des Mahles nahm er das Brot und sprach den Lobpreis; dann brach er das Brot, reichte es ihnen und sagte: Nehmt, das ist mein Leib. Dann nahm er den Kelch, sprach das Dankgebet, reichte ihn den Jüngern und sie tranken alle daraus. Und er sagte zu ihnen: Das ist mein Blut, das Blut des Bundes, das für viele vergossen wird. Amen, ich sage euch: Ich werde nicht mehr von der Frucht des Weinstocks trinken bis zu dem Tag, an dem ich von neuem davon trinke im Reich Gottes.

Nach dem Lobgesang gingen sie zum Ölberg hinaus.

## BETRACHTUNG

Wenn Israel das Paschalamm zu sich nimmt, dann wissen alle am Tisch: Gottes Liebe hat uns gerettet; Gottes Liebe rettet uns auch heute. Das Blut des Lammes hat uns die Freiheit geschenkt; wir sind durch Gottes Erbarmen geheiligt.

Gott ist mit uns einen Bund eingegangen; Gottes Treue bindet sich an uns. Im Blut des Bundes spricht Gott zum Menschen: Ich stehe zu euch Menschen. Euer Leben ist mir wichtig. Ihr seid mir viel – ihr seid mir alles wert.

Als Jesus am letzten Abend seines Lebens das Paschalamm mit seinen Jüngern isst, da ist dieser Ernst der Liebe bei ihnen am Tisch. Als er das Brot bricht, wird er zum Lamm, das in den Tod geht. Als er den Kelch mit dem Wein reicht, spricht er von seinem Blut, das rettet und heiligt. Neuer Bund – in seinem Blut.
Das Herz der Jünger ahnt und versteht – und wir mit ihnen: Gott tut den äußersten Schritt der Liebe. So wie die Jünger sind, so wie wir sind – mit Stärken und Schwächen, mit Grenzen und Fehlern: Wir sind von seiner Liebe angenommen. Er sagt ja zu uns in seinem Sohn. Er schließt den Neuen Bund mit uns im Blut seines Sohnes. Er stärkt uns mit dem Leben des Sohnes; er stärkt uns mit der Liebe des Sohnes: Esst! Trinkt!
Der den Bund schließt, sucht Menschen, die sich in den Bund hineinnehmen lassen; er sucht Menschen, die seine rettende Liebe mit staunendem Dank an ihr Herz und in ihr Leben hineinlassen.
Der den Bund in seinem Blut schließt, sucht Menschen, die sich von seiner Liebe verbinden lassen; die im Essen und Trinken seines Leibes und seines Blutes spüren: Er verbindet uns zu seinem Leib; er verbindet uns in seinem Geist; er macht uns zu Verbündeten seiner Liebe unter den Menschen.
Der den Neuen Bund in seinem Blut schließt, ruft Menschen aus der Vereinzelung in die Gemeinschaft mit Gott; er macht sie zu Brüdern und Schwestern; sie sind das neue Bundesvolk Gottes.
Das ist mein Leib, das ist mein Blut. Er gibt sich uns als »wahre Speise«, die den ganzen Menschen nährt. Seine Liebe hält, was sie verspricht. Er gibt sich uns als der »wahre Trank«, der uns aus der Verlorenheit rettet und wahrhaft heiligt. Durch seine Wunden sind wir geheilt.
Herr, wir hören deine Worte: Das ist mein Leib, das ist mein Blut. Unser Herz und unsere Sinne ahnen und verstehen: Deine erlösende Liebe möchte in uns eingehen, sodass du in uns und wir in dir sind. Und unsere Antwort ist die Anbetung:

»O wunderbares Gastmahl deiner Liebe.
Im Glauben haben wir aus deinem Mund
dein Wort vom Neuen Bund
im Brot empfangen.

Im heilgen Mahl bist du in uns,
sind wir in dir,
kraft deines Todes, Herr, am Kreuz,
für immer eingegangen.

O wunderbares Gastmahl deiner Liebe.
Du hast in Brot und Wein
ein neues Bundeszeichen in diese Welt gestellt.
Gott bleibt uns ewig gut.«

LIED

»Lobe Zion, deinen Hirten« (GL 545 – oder in den Diözesananhängen)

WECHSELGEBET S. 767 2 und 3

V Christus, du Brot des Lebens,

A erbarme dich unser.

V Du Gott und Mensch
Du Verborgener
Du in unserer Mitte
Du Osterlamm
Du Opfer für die Welt
Du Quelle der Gnade
Du unsere Nahrung
Du unsere Freude
Du Heil der Kranken
Du Trost der Trauernden
Du Kraft der Sterbenden
Du unsere Hoffnung
Du Brot vom Himmel

(GL 767,2)

*Rolf Oster*

13.X.04 Ma

# Steh auf und iss

## LESUNG

1 Kön 19,4–8
In jenen Tagen ging Elija eine Tagereise weit in die Wüste hinein. Dort setzte er sich unter einen Ginsterstrauch und wünschte sich den Tod. Er sagte: Nun ist es genug, Herr. Nimm mein Leben; denn ich bin nicht besser als meine Väter. Dann legte er sich unter den Ginsterstrauch und schlief ein. Doch ein Engel rührte ihn an und sprach: Steh auf und iss! Als er um sich blickte, sah er neben seinem Kopf Brot, das in glühender Asche gebacken war, und einen Krug mit Wasser. Er aß und trank und legte sich wieder hin. Doch der Engel des Herrn kam zum zweiten Mal, rührte ihn an und sprach: Steh auf und iss! Sonst ist der Weg zu weit für dich. Da stand er auf, aß und trank und wanderte, durch diese Speise gestärkt, vierzig Tage und vierzig Nächte bis zum Gottesberg Horeb.

## BETRACHTUNG

Gott begegnet nicht erst am Ziel, sondern schon im Aufbruch und auf dem Weg. Diese Grunderfahrung haben biblische Menschen immer wieder gemacht, in unserem Text der Prophet Elija.
Er hatte sich mit Leidenschaft für den wahren und einzigen Gott eingesetzt. Das hatte ihm die Feindschaft der heidnischen Königin eingebracht, die ihn verfolgen ließ und umbringen lassen wollte. Elija floh in die Wüste und legte sich dort unter einen Strauch. Mutlosigkeit überwältigte ihn, zu Tode erschöpft schlief er ein.
Jeder Prophet, jeder Mensch, den Gott in seinen Dienst gerufen hat, wird früher oder später durch eine solche Nacht hindurchgehen müssen und sich fragen, ob alles vergeblich gewesen sei.
Elija erfuhr in dieser Dunkelheit Gottes Hilfe und Nähe. Ein Bote Gottes rührte ihn an. Er hörte die Mahnung: »Steh auf und iss, der Weg ist weit, der noch vor dir liegt.« Was sah Elija? In Asche gebackenes Brot, wie es in der Wüste üblich ist, und einen Krug mit Wasser. Elija verstand das Zeichen, er aß und trank, was für ihn bereitstand. Doch es genügte nicht; zum zweiten Mal musste

ihn der Bote Gottes wecken und zum Essen und Trinken auffordern. Elija gehorchte. Nun hatte er die Kraft, aufzubrechen und den Weg durch die Wüste zum Berg Horeb zu gehen, zum Sinai. Seine Flucht wird zur Wallfahrt. Dort wartete auf ihn eine Begegnung mit Gott, ein neuer Auftrag.
Wir Menschen brauchen Nahrung für den Leib, wir brauchen Ermutigung und immer wieder einen Anruf. Wir brauchen Boten, die uns ein Wort sagen, das uns hilft. Es wird kein Engel mit Flügeln sein; auch von Elija heißt es nirgends, dass er einen solchen gesehen habe. Boten Gottes, die ermutigen und aufrichten, die uns etwas zutrauen, die uns aus Krise und Resignation herausführen, gibt es viele, mehr als wir bemerken.
Als tiefste Kraftquelle für den Weg, der vor uns liegt, hat uns Jesus Christus die Eucharistie geschenkt. Durch sie werden wir gestärkt wie einst Elija durch Brot und Wasser. Gott begegnet uns in menschlichen Boten, er begegnet uns in den täglichen Gaben, die wir zum Leben brauchen. Am dichtesten begegnet er uns in der Feier der Eucharistie. Hier schenkt er uns seine bleibende Gegenwart in den Gestalten von Brot und Wein.
»Steh auf und iss, der Weg ist weit. Doch sei gewiss: Jenseits der Zeit leuchtet ein Ziel, leuchtet ein Ziel, leuchtet ein Ziel in Herrlichkeit«, heißt es in einem Kanon. Unser Weg hat ein Ziel, dort erwartet uns Jesus Christus, der uns auch auf dem Weg begleitet, stärkt und ermutigt.

GEBET

Psalm 103 (GL 742; Kehrvers 2; wechselweise gesungen oder gesprochen)

PSALMGEBET

Schöpfer der Welt, du kennst unsere Schwachheit
und Hinfälligkeit.
Hilf uns, durch dieses Leben so hindurchzugehen,
dass wir zu dir gelangen, der Quelle unvergänglichen Lebens.
Amen.

*Marcella Welte OSB*

# Das Brot, das der Herr zu essen gibt

LESUNG

Ex 16,2–4.12–15

In jenen Tagen murrte die ganze Gemeinde in der Wüste gegen Mose und Aaron. Die Israeliten sagten zu ihnen: Wären wir doch in Ägypten durch die Hand des Herrn gestorben, als wir an den Fleischtöpfen saßen und Brot genug zu essen hatten. Ihr habt uns nur deshalb in diese Wüste geführt, um alle, die hier versammelt sind, an Hunger sterben zu lassen. Da sprach der Herr zu Mose: Ich will euch Brot vom Himmel regnen lassen. Das Volk soll hinausgehen, um seinen täglichen Bedarf zu sammeln. Ich will es prüfen, ob es nach meiner Weisung lebt oder nicht. Da sprach der Herr zu Mose: Ich habe das Murren der Israeliten gehört. Sag ihnen: Am Abend werdet ihr Fleisch zu essen haben, am Morgen werdet ihr satt sein von Brot und ihr werdet erkennen, dass ich der Herr, euer Gott, bin. Am Abend kamen die Wachteln und bedeckten das Lager. Am Morgen lag eine Schicht von Tau rings um das Lager. Als sich die Tauschicht gehoben hatte, lag auf dem Wüstenboden etwas Feines, Knuspriges, fein wie Reif, auf der Erde. Als das die Israeliten sahen, sagten sie zueinander: Was ist das? Denn sie wussten nicht, was es war. Da sagte Mose zu ihnen: Das ist das Brot, das der Herr euch zu essen gibt.

BETRACHTUNG

Der Herr war herniedergestiegen und hatte sich der Israeliten in Ägypten angenommen. Die Jochstangen der Sklaverei hatte er zerbrochen und die Mosesschar in die Freiheit hinausgeführt. Freilich war das Gelobte Land, von Milch und Honig triefend, noch nicht erreicht, vielmehr die Wüste war jetzt der Lebensort – oder sollte sie der Ort zum Tode werden? Wüste ist doch Entbehrung und Verzicht, ist Hunger und Durst, Hitze und Kälte, Lebensgefahr.

Wie sollte Wüste der Vor-Ort auf dem Weg ins erfüllte Leben sein?

Wie grauer, feucht-gruseliger Nebel kriecht die Versuchung die Menschen in der Wüste an und fängt sie ein. In einer solchen Lebenskrise bezweifeln sie die Befreiung aus Ägypten als Wohltat. Sie wünschen sich zurück an die vollen Fleischtöpfe und wenn schon sterben, dann am reich gedeckten Tisch. Enttäuschung bewirkt Unzufriedenheit und diese Misstrauen. Es deutet dann den Auszug aus Ägypten nicht als Aufbruch ins freie und große Leben, sondern als Hungermarsch in den Tod.

Und was macht Gott? Das Leben seines Volkes geht ihn an. Das Murren gegen Mose und Aaron meint ja letztlich ihn, der die beiden berufen hat, dem Volk in die Freiheit voranzugehen.

Gott lässt sich seine Pläne nicht zerstören. Er hält an seinem Volk fest und bleibt mit ihm auf dem Weg ins neue Leben.

So macht er seinem Namen alle Ehre: »Ich bin da mit euch und immer werde ich da sein bei euch« (Ex 3,14). Sein Name leuchtet auf, wenn das Volk auflebt und in die Zukunft geht.

Die treue Sorge des Befreiergottes genießen die Israeliten in der Not der Wüste, wenn sie allabendlich – wie »Abendbrot« – das Fleisch der Wachteln essen und jeden Morgen – wie »Morgenmahl« – das Manna, die kleinen Zuckertröpfchen einsammeln. Was ist das? – fragen sie. Brot und Fleisch – unverhoffte Nahrung in der Bedrängnis, nicht Ergebnis ihrer Anstrengung, nicht Belohnung für Leistung, sondern Heil, das den Spuren seiner Schritte folgt (Ps 85,14).

Wundert es, wenn im Gottesvolk immer wieder Bedrängte und Gerettete von Gott, dem Hirten, singen, der ihnen den Tisch deckt im Angesicht der Feinde und mitgeht durch Todschattenschlucht (Ps 23).

Im letzten Buch unserer Bibel, in der Offenbarung des Johannes, einer Trostschrift für bedrängte Gemeinden, wird wiederum das Manna in Aussicht gestellt. Im Blick auf das Brot, das der Herr geben wird, wird die bedrängte Gemeinde in Pergamon aufgerichtet:

»Wer Ohren hat, der höre, was der Geist den Gemeinden sagt: Wer siegt, dem werde ich von dem verborgenen Manna geben« (Offb 2,17).

Schon jetzt hat er begonnen, seine Verheißung wahr zu machen: Im »Brot des Lebens« zeigt er sich uns verborgen und gewährt uns seine Huld in allem, was uns auf dem Weg ins Leben gewährt wird.

## LIED

»Wir rühmen dich, König der Herrlichkeit« (GL 483)

## GEBET

Gott der Güte und Vater des Erbarmens,
im heiligen Mahl, das wir feiern,
und im lebendigen Brot, das wir empfangen,
erfüllt sich auf neue Weise
das Wort des Apostels:
Jesus, dein Sohn, lebt in uns.
Wir danken dir, dass du ihn uns schenkst.
Steh uns bei, damit wir ganz für ihn leben
und einst immer und ewig vollendet werden in ihm.
Dich loben und preisen wir
mit unseren Brüdern und Schwestern im Glauben
heute und in alle Ewigkeit. Amen.

*Josef Brandner*

# Kommt, esst von meinem Mahl

LESUNG

Spr 9,1–6
Die Weisheit hat ihr Haus gebaut, ihre sieben Säulen behauen. Sie hat ihr Vieh geschlachtet, ihren Wein gemischt und schon ihren Tisch gedeckt. Sie hat ihre Mägde ausgesandt und lädt ein auf der Höhe der Stadtburg: Wer unerfahren ist, kehre hier ein. Zum Unwissenden sagt sie: Kommt, esst von meinem Mahl und trinkt vom Wein, den ich mischte. Lasst ab von der Torheit, dann bleibt ihr am Leben und geht auf dem Weg der Einsicht!

BETRACHTUNG

Welche Einfälle das Wort Gottes hat! Frau Weisheit lädt zu einem Mahl ein. Sie hat ihr Haus gebaut, das durch sieben Säulen als geräumig ausgewiesen ist. Die Zahl sieben gibt keinen Grundriss wieder, sondern sie gilt als die Zahl der Vollkommenheit und lenkt so hin auf die Qualität der Gastgeberin Weisheit.
Wer ist diese hohe und geheimnisvolle Frau, von der das Wort Gottes so viel zu erzählen weiß? Sie duldet keine Begriffsbestimmung in der Bibel, aber in vielen Bildern tritt sie auf. Sie zeigt sich und tritt auf, redet und wirkt, als ob sie eine Person wäre. Sie ist Kraft und Gespielin Gottes, ist zugegen bei der Erschaffung der Welt und ist die große Lehrerin und Bildnerin des Menschen.
Ihre Freude ist es, bei den Menschenkindern zu sein. Als Lebenskunst verheißt sie dem Menschen, der sich um sie müht, dass das einmalige und kostbare Leben gelingt und hohe Qualität bekommt in den Augen Gottes, denn der Anfang aller Weisheit ist die Gottesfurcht (Spr 1,7).
Diese Frau lädt ein, an ihrem reich gedeckten Tisch Platz zu nehmen und den gemischten Wein zu trinken. Auch auf der Stadtburg, der Akropolis, wo die Menschen zusammenkommen, wo sie kaufen und verkaufen, wo Leben verhandelt wird, wo es lebendig zugeht, da wird die Einladung zum Leben in Weisheit ausgerufen.
Alle meint die Weisheit, die Kleinen und die Großen, die Einfältigen und Offenherzigen, die Neugierigen und Sehnsüchtigen,

die mehr wollen als nur alles haben. Ihnen allen ruft sie zu: »Kommt – esst – trinkt und bleibt im wahren Leben!«
Wer sich der unnachgiebigen Einladung von Frau Weisheit aussetzt, der braucht kein Schriftgelehrter zu sein – er hört in ihren Rufen Jesus, *das* Wort Gottes, rufen.
Jesus Christus, *die* Weisheit Gottes, wirbt in den Gleichnissen vom Gastmahl bei Matthäus (22,1–10) und Lukas (14,15–24), sich auf das neue, gelingende Leben im Reich Gottes einzulassen.
Nicht zu überhören ist es im Heilandsruf:
»Kommt alle zu mir,
die ihr euch plagt
und schwere Lasten zu tragen habt!
Ich werde euch Ruhe verschaffen« (Mt 11,28).
Und nicht genug des Guten!
Die Vollendung der Schöpfung und der Menschheitsgeschichte wird sein wie ein Hochzeitsmahl in der neuen herrlichen Stadt unseres Gottes und seines Lammes (Offb 21f).

LIED

»Im Frieden dein« (GL 473)

GEBET

Herr, verbunden hast du
deine Gottheit mit unserer Menschheit
und unsere Menschheit mit deiner Gottheit,
dein Leben mit unserer Sterblichkeit
und unsere Sterblichkeit mit deinem Leben.
Du hast das Unsere angenommen
und uns das Deine gegeben
zum Heil unserer Seelen.
Dir sei Lob und Ehre in Ewigkeit. Amen.

(Maronitische Liturgie)

*Josef Brandner*

# Lasst uns danken dem Herrn, unserm Gott

LESUNG

Eph 5,19–20
Lasst in eurer Mitte Psalmen, Hymnen und Lieder erklingen, wie der Geist sie eingibt. Singt und jubelt aus vollem Herzen zum Lob des Herrn! Sagt Gott, dem Vater, jederzeit Dank für alles im Namen Jesu Christi, unseres Herrn!

BETRACHTUNG

In jeder Messfeier beginnt der innerste Teil, das eucharistische Hochgebet, mit dem Ruf des Priesters an die versammelte Gemeinde: »Lasset uns danken dem Herrn, unserem Gott.« Die Antwort: »Das ist würdig und recht«, ist die Zustimmung der Anwesenden, ihr Einstimmen in die Danksagung für das, was Gott uns geschenkt hat und immer neu anbietet: sein Erbarmen, seine Liebe, seine Treue, die Gegenwart seines Sohnes unter uns. Der Apostel Paulus kann nicht aufhören, die Christen seiner Zeit zur Freude und zur Danksagung aufzurufen. Diese Haltung war nicht selbstverständlich, damals nicht und heute ist sie es auch nicht.
Die Christen der apostolischen Zeit waren Drohungen, Nachteilen, Anfeindungen und Verfolgungen ausgesetzt. Sie lebten in einer Umwelt, die mit verführerischen Lockungen ein leichtes Leben versprach. Der Apostel nennt als Gegengewicht zu Sorge, Angst und Mutlosigkeit, die viele Christen erfüllten: Singt miteinander, jubelt, lobt, dankt. Gebt dem Heiligen Geist Raum, den ihr empfangen habt und der in euch wohnt. Kommt zusammen und feiert miteinander Gottesdienst. Das wird euch froh und stark machen; das werden auch jene spüren, die keine Christen sind.
Diese Haltung hat nichts mit Weltfremdheit und Schwärmerei zu tun, sondern ist eine nüchterne Freude, die das tägliche Leben durchdringt. Sie macht offen für andere Menschen, sieht, wo wir gebraucht und angefragt sind. Sie empfängt ihre Kraft aus der Verbundenheit mit Jesus Christus.

»Dankbarkeit ist die Wachsamkeit der Seele gegen die Kräfte der Zerstörung«, sagt Gabriel Marcel. Dank ist ein Gegengewicht, ein Heilmittel gegen lähmende Resignation und Lustlosigkeit, gegen Verbitterung, gegen aggressive Kritik, gegen alles, was Vertrauen und Frieden untergräbt.
Das bedeutet nicht, Leid, Not, Angst, Krieg und Gewalt zu übersehen, die unsere Welt erfüllen. Es bedeutet auch nicht, alles zu lassen, wie es ist. Innere Dankbarkeit führt gerade zum Einsatz für Recht und Gerechtigkeit. Das Dunkel darf uns aber den Blick nicht verstellen auf die Gaben, die Gott uns geschenkt hat und immer neu schenkt. Es heißt, in unserer Zeit sei Dankbarkeit eine vergessene Tugend. Die Gefahr der Dankvergessenheit besteht tatsächlich. Dann wird das Leben arm und der Glaube verliert seine Strahlkraft.
Gott hat unsere Dankbarkeit nicht nötig. Aber wir haben es nötig, dankbar zu sein.

GEBET

Psalm 92 (GL 737 mit Kehrvers, wechselweise gesungen oder gesprochen)

PSALMGEBET

Allmächtiger Gott, du hast die Erde erschaffen und sie dem Menschen anvertraut. Segne unser Tun; nimm es an zum Lobpreis deines Namens und mach uns zu frohen und dankbaren Menschen. Amen.

*Marcella Welte OSB*

# Die Jünger erkannten den Herrn, als er das Brot brach

LESUNG

Lk 24,13–35

Am ersten Tag der Woche waren zwei von den Jüngern auf dem Weg in ein Dorf namens Emmaus, das sechzig Stadien von Jerusalem entfernt ist. Sie sprachen miteinander über all das, was sich ereignet hatte. Während sie redeten und ihre Gedanken austauschten, kam Jesus hinzu und ging mit ihnen. Doch sie waren wie mit Blindheit geschlagen, sodass sie ihn nicht erkannten. Er fragte sie: Was sind das für Dinge, über die ihr auf eurem Weg miteinander redet? Da blieben sie traurig stehen und der eine von ihnen – er hieß Kleopas – antwortete ihm: Bist du so fremd in Jerusalem, dass du als einziger nicht weißt, was in diesen Tagen dort geschehen ist? Er fragte sie: Was denn? Sie antworteten ihm: Das mit Jesus aus Nazaret. Er war ein Prophet, mächtig in Wort und Tat vor Gott und dem ganzen Volk. Doch unsere Hohenpriester und Führer haben ihn zum Tod verurteilen und ans Kreuz schlagen lassen. Wir aber hatten gehofft, dass er der sei, der Israel erlösen werde. Und dazu ist heute schon der dritte Tag, seitdem das alles geschehen ist. Aber nicht nur das: Auch einige Frauen aus unserem Kreis haben uns in große Aufregung versetzt. Sie waren in der Frühe beim Grab, fanden aber seinen Leichnam nicht. Als sie zurückkamen, erzählten sie, es seien ihnen Engel erschienen und hätten gesagt, er lebe. Einige von uns gingen dann zum Grab und fanden alles so, wie die Frauen gesagt hatten; ihn selbst aber sahen sie nicht. Da sagte er zu ihnen: Begreift ihr denn nicht? Wie schwer fällt es euch, alles zu glauben, was die Propheten gesagt haben. Musste nicht der Messias all das erleiden, um so in seine Herrlichkeit zu gelangen? Und er legte ihnen dar, ausgehend von Mose und allen Propheten, was in der gesamten Schrift über ihn geschrieben steht. So erreichten sie das Dorf, zu dem sie unterwegs waren. Jesus tat, als wolle er weitergehen, aber sie drängten ihn und sagten: Bleib doch bei uns; denn es wird bald Abend, der Tag hat sich schon geneigt. Da ging er mit hinein, um bei ihnen zu bleiben. Und als er mit ihnen bei Tisch war, nahm er das Brot, sprach den Lobpreis, brach das Brot und gab es ihnen. Da gingen ihnen die Augen auf und sie erkannten ihn; dann sahen sie ihn nicht mehr. Und sie sagten zueinander: Brannte uns nicht das Herz in der Brust, als er unterwegs mit uns redete und uns den Sinn der Schrift erschloss? Noch in derselben Stunde brachen sie auf und kehrten nach Jerusalem zurück und sie fanden die Elf und die anderen Jünger versammelt. Diese sagten: Der Herr ist wirklich auferstanden und ist dem Simon erschienen. Da erzählten auch sie, was sie unterwegs erlebt und wie sie ihn erkannt hatten, als er das Brot brach.

## BETRACHTUNG

Das Brechen des Brotes: Welch tiefen Eindruck muss diese Geste Jesu auf die Menschen gemacht haben, die ihn gekannt hatten und die mit ihm immer wieder Mahl hielten! Brechen des Brotes wird geradezu zum Merkmal Jesu, zum Erkennungszeichen für ihn. »Brotbrechen«, so nennen die ersten Christen die Feier der Eucharistie. In keiner der Erzählungen vom Letzten Abendmahl fehlt der Hinweis, dass Jesus das Brot gebrochen hat, ehe er es an die Apostel austeilte. Ein festliches jüdisches Mahl beginnt damit, dass Brot gebrochen wird und alle davon nehmen. So ist die Mahlgemeinschaft hergestellt.

Auch heute noch verstehen wir diese Geste auf Anhieb als Symbol für die Tischgemeinschaft. Tischgemeinschaft aber ist eine der intensivsten Formen menschlicher Gemeinschaft. An einen gemeinsamen Tisch setze ich mich nur mit Menschen, mit denen ich gerne zusammen bin, die mir wichtig und lieb sind. Die Tischgemeinschaft stärkt und belebt menschliche Gemeinschaft, macht sie intensiver. Und andersherum: Wo Feindschaft und Zwietracht herrschen oder auch nur mehr oder weniger verdeckte Missgunst, da wird der gemeinsame Tisch zur verkrampften und verlogenen Geste. Zwischen verfeindeten Menschen ist das Tischtuch zerschnitten. Wiederhergestellte Tischgemeinschaft dagegen ist ein intensives Zeichen von Versöhnung.

Wenn Jesus beim Letzten Abendmahl das Brot bricht und es an seine Freunde austeilt, dann begründet er damit eine einzigartige Gemeinschaft, die in ihm ihren Ursprung und ihre Mitte hat. Er stiftet die Gemeinschaft, die die Apostel mit ihm und untereinander verbindet.

Nach seiner Auferstehung wird diese Tischgemeinschaft mit Christus erneuert: Das Brechen des Brotes wird zum Kennzeichen für die Gemeinschaft mit dem auferstandenen Herrn. Er selbst bricht auch heute das Brot für uns. So beten wir in einem der eucharistischen Hochgebete: »Wie den Jüngern von Emmaus ... bricht er das Brot für uns.«
In jeder Eucharistiefeier wird das Brot gebrochen, ehe es uns in der Kommunion gereicht wird. Die Brotbrechung ist zentraler Bestandteil der Eucharistie seit jeher, denn in dieser einfachen, aber eindrucksvollen Geste wird deutlich, was Paulus schreibt: »Ein Brot ist es. Darum sind wir viele ein Leib; denn wir alle haben teil an dem einen Brot« (1 Kor 10,17). Im Brot, das er bricht und austeilt, sieht Jesus Christus sich selbst in seiner Hingabe für uns dargestellt. »Ich bin das lebendige Brot, das vom Himmel herabgekommen ist. Wer von diesem Brot isst, wird in Ewigkeit leben. Das Brot, das ich geben werde, ist mein Fleisch, (ich gebe es hin) für das Leben der Welt« (Joh 6,51). So sagt es Jesus im Johannesevangelium.
»Das ist mein Leib, der für euch hingegeben wird« (Lk 22,19b) sagt Jesus beim Letzten Abendmahl, als er den Aposteln die Stücke reicht, in die er eben das Brot gebrochen hatte. Im Brechen des Brotes sieht er sein eigenes Schicksal versinnbildlicht: Er lässt sich für uns Menschen zerbrechen. Und indem er sich zerbrechen lässt, werden wir ganz und heil. »Da erzählten auch sie, was sie unterwegs erlebt und wie sie ihn erkannt hatten, als er das Brot brach.« Nicht nur die Jünger von Emmaus erkannten den Auferstandenen beim Brechen des Brotes. Auch wir erkennen ihn im Brot, das für uns gebrochen wird und uns zusammenschließt zum Leib Christi, zur Tischgemeinschaft um ihn. Wir sind es gewohnt, vieles herzustellen; doch diese Gemeinschaft stellen wir nicht selbst her, sie wird uns geschenkt durch das eine Brot, das für uns gebrochen wird, Jesus Christus, der sich für uns zerbrechen ließ, damit wir Leben und Gemeinschaft haben durch ihn und mit ihm und in ihm.

LIED

»Brich dem Hungrigen dein Brot« (GL 618)

WECHSELGEBET

L Jesus Christus, du hast den Menschen das Brot gebrochen und die Hungrigen gesättigt.
V Du Brot – für uns gebrochen: Wir loben dich.
A Wir preisen dich.
L Du hast beim Letzten Abendmahl den Aposteln das Brot gebrochen und es ihnen gegeben als deinen Leib.
V Du Brot – für uns gebrochen: Wir loben dich.
A Wir preisen dich.
L Beim Brechen des Brotes haben dich die Jünger von Emmaus erkannt als den Auferstandenen, der bei ihnen ist.
V Du Brot – für uns gebrochen: Wir loben dich.
A Wir preisen dich.
L Du brichst auch uns das Brot, wenn wir uns zu deinem Gedächtnis um den Altar versammeln.
V Du Brot – für uns gebrochen: Wir loben dich.
A Wir preisen dich.
L Du hast dich für uns hingegeben und wurdest zerbrochen, damit wir ganz und heil werden.
V Du Brot – für uns gebrochen: Wir loben dich.
A Wir preisen dich.
L Im gebrochenen Brot der Eucharistie schenkst du dich uns als Speise für das ewige Leben.
V Du Brot – für uns gebrochen: Wir loben dich.
A Wir preisen dich.
L Du verbindest uns zu einer Gemeinschaft, deren Ursprung und Mitte du selbst bist im Geheimnis des gebrochenen Brotes.
V Du Brot – für uns gebrochen: Wir loben dich.
A Wir preisen dich.

*Hans-Michael Schneider*

# Deinen Tod verkünden wir und deine Auferstehung preisen wir

LESUNG

Röm 8,31b–34
Ist Gott für uns, wer ist dann gegen uns? Er hat seinen eigenen Sohn nicht verschont, sondern ihn für uns alle hingegeben – wie sollte er uns mit ihm nicht alles schenken? Wer kann die Auserwählten Gottes anklagen? Gott ist es, der gerecht macht. Wer kann sie verurteilen? Christus Jesus, der gestorben ist, mehr noch: der auferweckt worden ist, sitzt zur Rechten Gottes und tritt für uns ein.

BETRACHTUNG

Deinen Tod, o Herr, verkünden wir.
Du hast die Dunkelheit des Leidens auf dich genommen. Du hast alle menschliche Lieblosigkeit, Sünde und Schuld ans Kreuz getragen und versöhnt. Die bist in die Verlassenheit und Nacht des Todes gegangen. Du bist gehorsam geworden bis zum Tod am Kreuz. All das ist für uns gegenwärtig in Brot und Wein, in deinem Leib und Blut.
Deinen Tod, o Herr, verkünden wir.
Wir verstehen: Gott ist für uns; Gott ist für mich. Du nimmst unseren Platz ein. Du gehst unsere Todeswege für uns, mit uns. Du hast dich im Sterben am Kreuz in die Bresche gestellt. Am Kreuz verwandelst du Sünde in Gnade. Am Kreuz stellst du die Gnade vor das Recht – am Kreuz machst du den Sünder gerecht. Am Kreuz vernichtest du die Anklage der Sünde, die gegen uns, gegen mich spricht. All das ist gegenwärtig in Brot und Wein, in deinem Leib und Blut.
Deinen Tod, o Herr, verkünden wir.
Unser Glaube sieht auf deinen Leib, der sich für uns dem Tod ausgeliefert hat. Unser Glaube sieht das Brot, das du für uns brichst. Unser Glaube weiß: Es ist die vollendete Liebe, die sich den Jüngern und uns reicht.
Unser Herz möchte dir danken und dein Lob singen. Es tut gut zu wissen: Gott ist für mich, Gott ist für uns.

Er steht zu mir, zu uns, wenn ich es nicht verdiene; wenn ich mir Vorwürfe mache; wenn ich mir etwas nicht verzeihen kann; wenn mich die Nacht des Zweifels umgibt.
Gott ist für uns. Er nimmt uns so, wie wir sind. Christus Jesus, für uns gestorben, will eingehen in unser Leben. Er möchte, dass wir ein Leib mit ihm sind. Er will für uns und mit uns sein.
Deinen Tod, o Herr, verkünden wir.
Das ist unser dankbares Bekenntnis. Du hast uns Menschen nicht allein gelassen. Du gibst uns durch die Jahrtausende ein Faustpfand der Liebe und des Glaubens: Deinen Leib, der sich in den Tod gegeben hat. Wer ihn isst, der verkündet: Gott lässt uns nicht allein. Er stellt sich in seinem Sohn auf die Seite hinfälliger Menschen. Gott rettet und beschenkt uns überreich mit dem Leben und dem Wohlwollen des Sohnes.
Deinen Tod, o Herr, verkünden wir und deine Auferstehung preisen wir.
Du hast das Menschenleben mit seinem Licht und seinem Schatten, mit seinen Freuden und mit seinen Tränen in den Glanz Gottes genommen. Du bist die Auferstehung; du bist das Leben. Gott hat dich erhöht und dir den Namen verliehen, der größer ist als alles.
Unser Glaube sieht auf deinen Leib, der sich für uns dem Tod ausgeliefert hat. Unser Glaube sieht das Brot, das Auferstehung und göttliches Leben in uns nährt und ernährt. Unser Glaube weiß, es ist der ewige Hohepriester, der sich uns zuneigt. Und dafür will deine Jüngerschaft dein Lob singen:
Deine Auferstehung preisen wir.
Es ist gut zu erfahren und zu verkosten: Wir sind angenommen; Gott und Mensch haben Gemeinschaft; wir sind zum Leben berufen; wir tragen eine lebendige Hoffnung in uns; die Liebe und das Leben haben das letzte Wort.
Deine Auferstehung preisen wir.
Du bist der Erstgeborene von den Toten; wir sind dank deiner Gnade die Erben des Lebens. In diesem »Geheimnis des Glaubens« kommst du mit deinem Leben zu uns. Schwache stärkst du, Niedergeschlagenen sprichst du Mut zu, Suchende lässt du nicht allein, Fragende nimmst du an der Hand.
Du trittst für uns ein. Du bist für uns. Du bist für mich.
Deinen Tod, o Herr, verkünden wir und deine Auferstehung preisen wir, bis du kommst in Herrlichkeit.

LIED

»Das Weizenkorn muss sterben« (GL 620)

WECHSELGEBET

V Herr Jesus Christus, du ewiges Wort, aus dem Vater geboren vor aller Zeit.
A Gott von Gott, / Licht vom Licht, / wahrer Gott vom wahren Gott.
V Du Abglanz des Vaters und Abbild seines Wesens.
A Du hast im Anfang die Erde gegründet. / Deiner Hände Werk sind die Himmel. / Alles hat seinen Bestand in dir.
V Du Mensch gewordener Sohn Gottes.
A Du Heiland, wir loben und preisen dich.
V Du Sohn der Jungfrau Maria.
A Du Sohn Davids.
V Du König in der Gestalt eines Knechtes.
A Herr Jesus Christus, / wir loben und preisen dich allezeit.
V Du siegreicher König.
A Christus König, / wir vertrauen auf dich.
V Du Sieger über Satan und Sünde.
A Du Sieger über alle Bosheit der Welt.
V Du Sieger über Tod und Grab.
A Du Friedensfürst, / wir vertrauen auf dich.
V Du thronst im Himmel zur Rechten deines Vaters.
A Christus, wir hoffen auf dich.
V Du bist deiner Kirche immer nahe.
A Du wirst wiederkommen in Herrlichkeit, / zu richten die Lebenden und die Toten; / deiner Herrschaft wird kein Ende sein.
V Denn du wirst deine Königsmacht dem Vater übergeben, und Gott wird sein alles in allem.
A Richter der Welt, / wir hoffen auf dich.

(GL 781,1)

*Rolf Oster*

# Wir feiern das Opfer Christi

Ma Dieo 2. und 4. X. 02

LESUNG

Mk 10,42–45
In jener Zeit rief Jesus seine Jünger zu sich und sagte: Ihr wisst, dass die, die als Herrscher gelten, ihre Völker unterdrücken und die Mächtigen ihre Macht über die Menschen missbrauchen. Bei euch aber soll es nicht so sein, sondern wer bei euch groß sein will, der soll euer Diener sein, und wer bei euch der Erste sein will, soll der Sklave aller sein. Denn auch der Menschensohn ist nicht gekommen, um sich dienen zu lassen, sondern um zu dienen und sein Leben hinzugeben als Lösegeld für viele.

BETRACHTUNG

Es packt einen immer wieder, das Schicksal von Pater Maximilian Kolbe, der anstelle eines Familienvaters in den Hungerbunker des Konzentrationslagers Auschwitz ging. Er gab sein Leben hin für einen Mitmenschen. Von keinem Menschen kann man eine solche Hingabe bis zum Äußersten verlangen. Dies kann nur eine Tat in größter Freiheit sein. Aber die Grundhaltung, die dahinter steht, ist grundlegend für unser menschliches Leben und Zusammenleben: »Für sich kann keiner sein ...«, so heißt es in einem bekannten neueren Lied.

Kein Mensch kann nur für sich und ohne andere Menschen leben. Wir brauchen einander; menschlich leben heißt auch füreinander leben. Jeder Mensch ist auf die Zuwendung seiner Mitmenschen angewiesen, auf ihren Zuspruch, ihre Anteilnahme am Guten wie am Bösen, ihre Hilfe, ihre Unterstützung, ihre Solidarität und Mitmenschlichkeit. Ja, es kann der Augenblick kommen, wo ich ganz auf einen anderen Menschen angewiesen bin, weil ich mir selbst nicht mehr helfen kann.

Viele opfern ihre Zeit und ihre Kraft im Dienst an den Menschen, für die sie verantwortlich sind oder an hilfsbedürftigen und leidenden Menschen. Sie geben einen Teil ihres Lebens hin für andere, damit diese leben können.

Hingabe für andere, damit diese leben können – das meint das alte und oft missverstandene Wort »Opfer«. Hingabe für andere

aber ist Hingabe an Gott, der uns im Mitmenschen begegnet. Diese Haltung ist die Grundhaltung Jesu in seiner Sendung zu uns Menschen. Sein ganzes Leben war ein Leben für die Menschen. Für sich selbst hätte Gott nicht Mensch zu werden brauchen in seinem Sohn. Für uns Menschen und um unseres Heiles willen ist er Mensch geworden. Für uns Menschen und um unseres Heiles willen hat er gelebt: Sein Evangelium, seine Wunder und Zeichen sind ein einziges Zeugnis davon. Für uns Menschen und um unseres Heiles willen hat er den Tod am Kreuz an- und auf sich genommen: »Denn auch der Menschensohn ist nicht gekommen, um sich dienen zu lassen, sondern um zu dienen und sein Leben hinzugeben als Lösegeld für viele« (Mk 10,45).
Weil Jesus den Kreuzestod in großer Freiheit und nicht als blindes Schicksal auf sich genommen hat und in ihm die äußerste Zuspitzung seiner Sendung sah, bündelt sich darin die ganze göttliche Heilstat für uns Menschen: »Das ist mein Leib, der für euch hingegeben wird ... Das ist mein Blut, das für euch vergossen wird.« In seinen Worten über Brot und Wein beim Letzten Abendmahl gibt er seinem bevorstehenden Tod diese Bedeutung. Seine restlose und vorbehaltlose Hingabe für uns wird zum erlösenden Kreuzesopfer. In jeder Eucharistiefeier wird heilschaffende Wirklichkeit, dass Jesus sein Leben als Lösegeld gegeben hat. Er hat uns herausgelöst aus dem unheilvollen Teufelskreis von Hass und Vergeltung, aus der Schuld, die neue Schuld gebiert und schließlich zum Tod führt. In jeder Eucharistie feiern wir das Opfer Jesu Christi, das uns das Leben gebracht hat. In jeder Messfeier wird im Gedächtnis seines Todes und seiner Auferstehung diese Heilstat gegenwärtig: Auch für mich hat Jesus seinen Leib hingegeben und sein Blut vergossen. Mit seinem hingegebenen Leib und seinem vergossenen Blut, mit Jesus, dem Gekreuzigten und Auferstandenen, dürfen wir in der Eucharistie vor Gott treten. Wir feiern das Opfer Christi, Quelle der Versöhnung, des Friedens und des österlichen Lebens.
Hingabe für andere, damit diese leben können: Was für unser menschliches Zusammenleben gilt, das hat Gott in einzigartiger Weise selbst getan. Es ist seine unbegreifliche Liebe, die solches tut. Diese Liebe hat sich der menschlichen Bosheit gestellt; sie ließ sich verwunden und gab sich der Lächerlichkeit preis, aber sie konnte nicht ausgelöscht werden und erwies sich mächtiger als Bosheit, Lüge, Egoismus und Tod.

Was Gott für uns getan hat, soll auch unser Leben und unser Tun prägen. Wir machen uns die Haltung Jesu zu eigen, wenn wir bereit sind, dem Leben anderer zu dienen: »Wer bei euch groß sein will, der soll euer Diener sein.« So lassen wir uns in jeder Messfeier hineinnehmen in das Opfer Christi und werden selbst »zu einer Gabe, die Gott wohlgefällt«, wie es in einem der eucharistischen Hochgebete heißt. Leben aus der Eucharistie heißt auch, sich an dieser Haltung Jesu orientieren: Für die Menschen – damit sie das Leben haben.

LIED

»Das Weizenkorn muss sterben« (GL 620)

WECHSELGEBET

»Das Opfer am Kreuz, Quelle des Lebens« (GL 779,2)

*Hans-Michael Schneider*

6.9.02

# Christe, du Lamm Gottes

LESUNG

Joh 1,29–30
In jener Zeit sah Johannes Jesus auf sich zukommen und sagte: Seht, das Lamm Gottes, das die Sünde der Welt hinwegnimmt. Er ist es, von dem ich gesagt habe: Nach mir kommt ein Mann, der mir voraus ist, weil er vor mir war.

BETRACHTUNG

Der Täufer Johannes stellt den ankommenden Jesus vor als Lamm Gottes. Im vierten Lied vom leidenden Gottesknecht aus dem zweiten Prophetenbuch Jesaja wird der kommende Knecht Gottes, der verachtete Mann der Schmerzen, verglichen mit einem Lamm, das zum Schlachter geführt wird. Es öffnet angesichts seiner Scherer den Mund nicht, um zu klagen.
Dies ist wahr, denn Jesus unterwirft sich der Taufe, die ursprünglich für Schuldbeladene gedacht ist. Er bietet sich an als Lastenträger der Menschheit. Er nimmt diesen Dienst auf sich, gehorsam gegen den Willen und Plan seines Vaters.
Dieses Lied vom leidenden Gottesknecht und die darin enthaltene Deutung des Lebensweges Jesu hat in der urchristlichen Belehrung und Predigt eine wichtige Rolle gespielt. So trifft zum Beispiel Philippus auf den äthiopischen Hofbeamten, wie er auf dem Weg von Jerusalem zurück eben diesen Abschnitt des Propheten liest. Philippus knüpft daran seine Taufkatechese an.
Das Lamm Gottes, das die Sünden der Welt hinwegnimmt, wird zu den stehenden Bildworten auch unseres heutigen Gottesdienstes. Während der Brotbrechung beten oder singen wir: »Lamm Gottes, du nimmst hinweg die Sünde der Welt: Erbarme dich unser.« Und das Brot des Lebens wird uns bei der Einladung zur Kommunion vorgestellt mit den Worten: »Seht das Lamm Gottes, das hinwegnimmt die Sünde der Welt.«
So nimmt Jesus die für Schuldbeladene gedachte Taufe auf sich. Er bietet sich an als Lastenträger der Menschheit. Er nimmt diesen Dienst an, gehorsam gegen den Willen und Plan seines Vaters.

Zur Erinnerung an die Befreiung aus der Knechtschaft in Ägypten schlachteten Juden das Paschalamm. Als Jesus dem Tod überliefert wurde, schlachteten die Israeliten im Tempel oder in ihren Häusern ihr Paschalamm. Paulus erkennt darin einen Hinweis auf die Sendung des Christus. So wie die Israeliten aus der Knechtschaft Ägyptens befreit wurden, so befreit das Paschalamm Christus durch seinen gehorsamen Tod uns aus der Sklaverei der Sünde (1 Kor 5,7).
Die beiden Bilder vom Lamm (das Bild vom leidenden Gottesknecht, der zur Schlachtbank geführt wird, und das Bild vom Paschalamm) deuten uns, was Jesus Christus für uns bedeuten kann: Wir sind mit der Last unseres Versagens nicht allein gelassen. Wir sind mit den Beschwernissen vergangener und gegenwärtiger Sünden nicht auf uns allein gestellt. Ein anderer tritt für uns ein. Ein anderer schafft weg, was selbst gutwillige Menschen aus eigener Kraft nicht wegzuräumen vermögen. Es liegt an uns, ob wir bereit sind, von Jesus Christus diesen stellvertretenden Entschuldungsdienst stets neu uns schenken zu lassen. Er stand und steht bereit, sein Leben zu verbrauchen in diesem »Sühnedienst« für die Schuld aller Menschen.
Johannes der Täufer bezeugt, dass Jesus ihm etwas Entscheidendes voraus hat. So wie die Evangelisten die Lebensgeschichte des Johannes schildern, steht er zwar zuerst, vor Jesus auf dem Plan. Er hatte bereits Jünger um sich gesammelt, ehe Jesus in Erscheinung trat. Johannes aber weiß, dass Jesus ihm etwas Entscheidendes voraus hat: Jesus ist von Ewigkeit her beim Vater. Von dort ist er gesandt, sich den Menschen zuzuwenden. Er kommt vom Vater und soll zum Vater zurückkehren.
Im Einklang mit dem Apostel Paulus greift der Evangelist Johannes dieses Zeugnis des Täufers auf und bringt damit das ganz andere am Wesen von Jesus Christus ins Blickfeld. Der Mann Jesus von Nazaret, geboren aus der Jungfrau Maria, wurzelt im Innersten seines Wesens in der verborgenen Herrlichkeit des Vaters. Nicht spätere Generationen haben dies Jesus zugedichtet. Bereits die ursprüngliche Christusverkündigung der Apostel Paulus und Johannes bezeugen dieses Unbegreifliche, was Theologen mit dem Fachbegriff »reale Präexistenz Jesu« bezeichnen.
Der Täufer und der Evangelist Johannes deuten uns also, was Jesus Christus auch für uns heute bedeuten kann: Er ist für uns mehr als nur der vorbildliche Mensch, mehr als nur der überzeu-

gende Prediger, mehr als nur der den Menschen zugewandte Helfer, mehr als nur der sympathische Freund und Meister. Sein Wesen und seine Sendung sind festgemacht im inneren Wesen des dreifaltigen Gottes. Von einem Menschen Jesus angenommen und begleitet werden, ist schon sehr viel. Mehr aber ist es und weniger krisenanfällig, glauben zu dürfen, dass sich in diesem Menschen Jesus das menschenfreundliche Gesicht unseres Gottes zeigt. So wie der Täufer beim Auftreten Jesu zurücktritt, weil er dieses innere Wesen des Jesus Christus ahnt, so öffnet das menschenfreundliche Gesicht Jesu den Blick zum menschenfreundlichen Herzen Gottes, dem an der Rettung der Verlorenen viel liegt.

LIED

»Gottes Lamm, Herr Jesu Christ« (GL 161)

GEBET

Lasst uns Christus bitten! Den heiligen Leib Christi, das Lamm Gottes,
den heiligen Leib dessen, der für unser Heil dahingegeben wurde!

Den heiligen Leib dessen, der seinen Jüngern schenkte
die Geheimnisse der Gnade des Neuen Bundes.

Den heiligen Leib, durch den wir empfangen haben das
unblutige Opfer.

Den heiligen Leib, der gewaschen hat die Füße der Apostel mit
Wasser und ihre Seelen mit dem Geiste.

Den heiligen Leib, der gerechtfertigt hat die Sünderin in Tränen
und der uns reinigt durch sein eigenes Blut.

Den heiligen Leib, der empfangen hat den Kuss des Verräters
und der geliebt hat die Welt bis zum Leiden des Todes.

Den heiligen Leib, der freiwillig sich Pilatus ausgeliefert
und sich bereitet hat eine makellose Kirche.

Ja, wir preisen und verherrlichen deinen Namen.

(Kommuniongesang aus der Griechischen Liturgie)

*Anton Bauer*

# Unser tägliches Brot gib uns heute

LESUNG

Mt 6,7–13
In jener Zeit sprach Jesus zu seinen Jüngern: Wenn ihr betet, sollt ihr nicht plappern wie die Heiden, die meinen, sie werden nur erhört, wenn sie viele Worte machen. Macht es nicht wie sie; denn euer Vater weiß, was ihr braucht, noch ehe ihr ihn bittet. So sollt ihr beten: Unser Vater im Himmel, dein Name werde geheiligt, dein Reich komme, dein Wille geschehe wie im Himmel, so auf der Erde. Gib uns heute das Brot, das wir brauchen. Und erlass uns unsere Schulden, wie auch wir sie unseren Schuldnern erlassen haben. Und führe uns nicht in Versuchung, sondern rette uns vor dem Bösen.

BETRACHTUNG

Die Bitte um das tägliche Brot ist eine Bitte gegen die Zufriedenheit. Es stimmt wirklich, man ist nie zufrieden. Man glaubt zwar, über einer Sache zu stehen, aber in Wirklichkeit werden wir von den Dingen beherrscht.
Die Bitte um das tägliche Brot ist eine Bitte gegen die Sattheit. Es stimmt wirklich, man ist nie satt. Man glaubt zwar, jetzt ist es genug, aber in Wirklichkeit hat uns schon wieder die nächste Sehnsucht im Griff.
Die Bitte um das tägliche Brot ist eine Bitte gegen den Egoismus. Es stimmt wirklich, man will immer alles für sich haben. Man glaubt zwar, jeder ist sich selbst der Nächste. Aber wir beten und bitten ja nicht: Mein Brot gib mir, sondern: Unser tägliches Brot gib uns.
Jeder Mensch braucht Brot, tagtäglich. Nur – allein kann der Mensch seinen Hunger nicht stillen. Klar: Jede und jeder von uns hat leibhaftige Bedürfnisse. Das gehört zu unserem Leben mitten in der Welt. Brot essen meint nicht nur allein Nahrungsaufnahme des Einzelnen. Brot essen meint immer auch communio, gemeinsames Geschehen, gemeinschaftsstiftendes Geschehen.
In einem kleinen Stück Brot schmecke ich die Vielfalt menschlichen Lebens. In dem Stück Brot in meiner Hand liegt ein ganzes

Netz von Beziehungen: Tränen und Mühen, Fragen und Suchen, Freude und Leid.
Brot in meiner Hand will geteilt werden mit denen ich das Leben teile, in der Nähe wie in der Ferne. Brot, das ich teile, wird unser Brot. Im Teilen des Brotes teilt sich der Herr uns mit.
Antoine de Saint-Exupéry sagt einmal: »Der Geschmack des Brotes, das du teilst, ist unvergleichlich.«
Unser tägliches Brot gib uns heute – das ist auch eine Bitte gegen den bitteren Nachgeschmack in der Welt und nicht selten gegen die Flachheit des Glaubens. Das Brot stillt unseren Hunger für ein paar Stunden. Mit Gesetzmäßigkeit erwacht immer neu unser Hunger. Bedürfnisse und Bedürftigkeit kann das Brot für einen Moment befriedigen und zudecken. Aber ist das alles? Was nun? Die Bitte um das tägliche Brot sagt mir: Das Tagtägliche ist nicht alles. Der Mensch findet nicht die Erfüllung in sich selbst, Erfüllung wird mir geschenkt. Er ist es, der mir die offene und leere Hand füllt. Er ist es, der mich immer wieder aufs neue beschenkt. Er ist es, der mir das tägliche Brot in die Hand legt, damit ich es koste und teile.

LIED

»O wunderbare Speise« (GL 503)

GEBET

Du, Brot
Du bist in unserer Mitte
Du, Brot
Nach Dir schreien wir
Du, Brot
Von Dir leben wir
Du, Brot
Dich beten wir an
Du, Brot
In Dir finden wir uns
Du, Brot
Durch Dich können wir Freunde werden
Du, Brot
In Dir ist unsere Freude

Du, Brot
In Dir erkennen wir unseren Lebenssinn
Du, Brot

(Anton Rotzetter)

*Burkhard Keck*

# Kommt alle zu mir

LESUNG

Mt 11,25–30

In jener Zeit sprach Jesus: Ich preise dich, Vater, Herr des Himmels und der Erde, weil du all das den Weisen und Klugen verborgen, den Unmündigen aber offenbart hast. Ja, Vater, so hat es dir gefallen. Mir ist von meinem Vater alles übergeben worden; niemand kennt den Sohn, nur der Vater, und niemand kennt den Vater, nur der Sohn und der, dem es der Sohn offenbaren will. Kommt alle zu mir, die ihr euch plagt und schwere Lasten zu tragen habt. Ich werde euch Ruhe verschaffen. Nehmt mein Joch auf euch und lernt von mir; denn ich bin gütig und von Herzen demütig; so werdet ihr Ruhe finden für eure Seele. Denn mein Joch drückt nicht und meine Last ist leicht.

BETRACHTUNG

Aufatmen, zur Ruhe kommen – wie oft sehnen wir uns danach. Aber selbst wenn wir die Gelegenheit zur Stille finden, gelingt es uns doch nicht, durchzuatmen, aufzuatmen und zu uns selbst zu kommen. Womöglich wird uns in der Stille die innere Unruhe noch viel bewusster. Wie gut ist es, dass wir der Einladung Jesu gefolgt sind: »Kommt alle zu mir, die ihr euch plagt und schwere Lasten zu tragen habt. Ich werde euch Ruhe verschaffen.« Diese Stunde vor dem Allerheiligsten ist eine Stunde mit dem Herrn. Zu ihm dürfen wir auch mit unserer Unruhe kommen, mit allem, was uns plagt und Mühe macht. Wir brauchen die Gedanken, die uns beunruhigen, nicht zu verdrängen. Das hätte auch keinen Sinn, denn wir würden sie doch nicht los werden. Wir nehmen die Gedanken wahr, die unsere Unruhe verursachen und unsere Konzentration stören, und halten sie dem Herrn hin. Wenn wir in der Anbetung auf das eucharistische Brot schauen, wird uns die Verwandlung bewusst. Das Brot, welches in der Eucharistie zum Altar gebracht wird, ist eine alltägliche Sache: das tägliche Brot. Und dieses Brot steht für unsere Arbeit, für unsere Mühe, für den Erfolg wie für den Misserfolg. So wie die Weizenkörner zwischen den Mühlsteinen zerrieben wurden, so zerreiben wir uns in der Tretmühle des Alltags. Ich denke an unseren Frust, an die Enttäuschungen, an Gefühle wie Neid und Eifersucht. Ich denke aber auch an die Freude über den Erfolg, über das Gelungene, über beglückende Beziehungen. Dieses tägliche Brot unseres Lebens bringen wir zum Altar. Und mit diesem Brot halten wir uns Gott hin. Gott schenkt Verwandlung. Er wandelt das Brot in die leibhaftige Gegenwart seines Sohnes. Und seine Gegenwart kann unsere Unruhe in Ruhe verwandeln. Deshalb dürfen wir zu ihm kommen. Er will uns Ruhe verschaffen.

Jesus spricht vom Joch: »Nehmt mein Joch auf euch und lernt von mir.« Seltsam, dass ausgerechnet ein Joch uns Ruhe verschaffen soll. Steht das Joch nicht für Arbeit, Mühe und Schinderei? Jesus meint ein anderes Joch. Er spricht vom Joch der Weisheit. Im Alten Testament, im Buch Jesus Sirach, lesen wir:

»Kehrt bei mir ein, ihr Unwissenden, verweilt in meinem Lehrhaus!

Wie lange noch wollt ihr das alles entbehren und eure Seele dürsten lassen?

Ich öffne meinen Mund und sage von ihr: Erwerbt euch Weisheit, es kostet nichts.

Beugt euren Nacken unter ihr Joch und nehmt ihre Last auf euch!

Denen, die sie suchen, ist sie nahe, und wer sich ihr ganz hingibt, findet sie.

Seht mit eigenen Augen, dass ich mich nur wenig bemühte, aber viel Ruhe gefunden habe« (Sir 51,23–27).

Jesus greift dieses alttestamentliche Wort auf. Sein Joch drückt nicht und seine Last ist leicht. Kein Wunder! Denn sein Joch ist nichts anderes als die Weisheit Gottes. Wer seine Weisheit sucht, wer in den Genuss dieser Weisheit kommt, der wird zur Ruhe kommen. Allerdings müssen wir in die Schule der Weisheit Jesu gehen. Jesus sagt: »Lernt von mir, denn ich bin gütig und demütig von Herzen.« Wenn ich bei Jesus zur Ruhe kommen will, wenn er meine Unruhe verwandeln soll, dann muss ich bereit sein, von ihm zu lernen: von seiner von Herzen kommenden Sanftmut und Demut.

In der Bergpredigt sagt Jesus: »Selig die Sanftmütigen, denn sie werden das Land erben« (Mt 5,5). Und an anderer Stelle lädt Jesus zur Demut ein: »Wer bei euch groß sein will, der soll euer Diener sein« (Mt 20,26). Sanftmut und Demut, das lernen wir in der Schule Jesu. Aber auch bei Jesus lernt keiner von heute auf morgen. Es ist eine Lebensschule. Es braucht ein Leben lang, seine Weisheit zu lernen. Und deshalb ist es gut, immer bei ihm zu sein und bei ihm zur Ruhe zu kommen.

LIED

»Herr, deine Güt ist unbegrenzt« (GL 289,1–2)

GEBET

V/A Kommt alle zu mir. Ich werde euch Ruhe verschaffen.

V Herr Jesus Christus,
deiner Einladung sind wir gefolgt.
Um bei dir zu sein, sind wir gekommen.
Lass uns deine Stimme hören:

V/A Kommt alle zu mir. Ich werde euch Ruhe verschaffen.

V Wir sind da
mit unserer Unruhe und mit all unseren Gedanken.
Ordne unser Inneres, stille unsere Sehnsucht,
heile unsere Ruhelosigkeit und lass uns dich hören:

V/A Kommt alle zu mir. Ich werde euch Ruhe verschaffen.

V Herr Jesus Christus,
du rufst uns in das Haus deiner Weisheit.
Lass uns mit dir lernen, was es heißt, zur Ruhe zu kommen.
Leg uns das Joch deiner Weisheit auf,
damit wir Ruhe finden für unsere Seele.

V/A Kommt alle zu mir. Ich werde euch Ruhe verschaffen.

V Wir halten uns selbst und unsere Gedanken für wichtig.
Wir übersehen, was wirklich wichtig und wesentlich ist für unser Leben.
Lass uns von dir lernen: von deinem Mut, anderen zu dienen.
Lass uns von dir lernen: aus ganzem Herzen sanftmütig zu sein.

V/A Kommt alle zu mir. Ich werde euch Ruhe verschaffen.

V Herr Jesus Christus,
diese Stunde verbringen wir in deiner Gegenwart.
Wir danken dir,
weil du unser Wegführer bist in das Land der Ruhe und des Friedens.
Du bist der Heiland, der unsere Ruhelosigkeit in Ruhe verwandeln kann.
Dich loben und preisen wir, weil wir deine Stimme hören:

V/A Kommt alle zu mir. Ich werde euch Ruhe verschaffen.

*Thomas Böbel*

# Christus wohnt in uns

11. IX. 02 Ma

LESUNG 5. VII. 2002 Ried

Paulus 3. IX. 04 Die

Eph 3,14–21

Ich beuge meine Knie vor dem Vater, nach dessen Namen jedes Geschlecht im Himmel und auf der Erde benannt wird, und bitte, er möge euch aufgrund des Reichtums seiner Herrlichkeit schenken, dass ihr in eurem Innern durch seinen Geist an Kraft und Stärke zunehmt. Durch den Glauben wohne Christus in eurem Herzen. In der Liebe verwurzelt und auf sie gegründet, sollt ihr zusammen mit allen Heiligen dazu fähig sein, die Länge und Breite, die Höhe und Tiefe zu ermessen und die Liebe Christi zu verstehen, die alle Erkenntnis übersteigt. So werdet ihr mehr und mehr von der ganzen Fülle Gottes erfüllt. Er aber, der durch die Macht, die in uns wirkt, unendlich viel mehr tun kann, als wir erbitten oder uns ausdenken können, er werde verherrlicht durch die Kirche und durch Christus Jesus in allen Generationen, für ewige Zeiten. Amen.

BETRACHTUNG

Die Eucharistie lädt ein, die Knie zu beugen, weil letztlich nicht verstehbar und sagbar ist, dass Jesus Christus im Brot sichtbar da ist. Das Geheimnis der Eucharistie erschließt sich uns, wenn wir uns vor ihm in Ehrfurcht neigen.
Die Eucharistie lädt aber auch ein, die Hände zu öffnen, um den Leib Christi zu empfangen. Die Kommunion, die Gemeinschaft mit Christus ist die Mitte jeder Eucharistiefeier. Wir dürfen freilich dieses Geschehen nicht verdinglichen.
Nicht das »Wie« ist gefragt. Das »Dass« soll uns zu Staunen und Anbetung veranlassen. Angelus Silesius (1624–77), der Dichter und Mystiker der Barockzeit, hat die Verbindung zwischen Mensch und Gott am ehesten auf den Punkt gebracht: »O Wesen, dem nichts gleicht! Gott ist ganz außer mir und inner mir auch ganz, ganz dort und ganz auch hier!« Den inwendigen Gott, also Christus in uns kraft des Glaubens (vgl. Eph 3,17), kann man nicht ausmachen. Er verwandelt alle scheinbare Ferne in Nähe. Er durchmisst und füllt die Länge und Breite, die Höhe und Tiefe

unseres Lebens. Räumlich erfahren wir das menschliche Dasein in dieser Weltzeit: Wir schreiten aus und füllen unseren Platz im Leben aus. Wir orientieren uns an Christus. In seiner Liebe sind wir verwurzelt und gegründet. »Die Lieb ist unser Gott, es lebet all's durch Liebe. Wie selig wär ein Mensch, der stets in ihr verbliebe!« (Angelus Silesius)

Die Eucharistie ist Zeichen der Fülle, die Gott uns im Christusereignis geschenkt hat. Unsere Lesung hat dafür kein anderes Wort als »Liebe«. Für unsere Ohren ist dieser Begriff verbraucht und missbraucht. Liebe wird aber wieder ursprünglich und zu einem fließenden Quell, wenn Menschen sie in ihrer Vielfalt erfahren, in ihr ab und an das Paradies, die heile Welt des Lebens entdecken. Erstaunlich, wie der Apostel Paulus selbstverständlich von diesem Kennzeichen Gottes spricht und dieses Geheimnis, das Christus ist, auslotet nach Breite und Länge, Höhe und Tiefe. Er durchschreitet die Welt unseres Glaubens, der weder durch Theologie und Katechismus voll erfasst noch durch Liturgie und Frömmigkeit ganz ausgedrückt werden kann. Deshalb kleidet Paulus seinen Wunsch an diese kleinasiatische Christengemeinde, in Gottesglauben und Christusliebe zu wachsen, in die Gebetsform der Fürbitte vor Gott. Denn Glaubenkönnen und Liebendürfen ist das Werk des Heiligen Geistes. Es ist Geschenk, die Fülle Gottes zu erfahren. Weil das alles staunenswert und preiswürdig ist, beugt der Apostel seine Knie vor Gott. Er schließt seinen Brief mit diesem Lobpreis: »Er aber, der durch die Macht, die in uns wirkt, unendlich viel mehr tun kann, als wir erbitten oder uns ausdenken können, er werde verherrlicht durch die Kirche und durch Christus Jesus in allen Generationen, für ewige Zeiten. Amen.«

LIED

»Das Heil der Welt, Herr Jesus Christ« (GL 547)

GEBET

Allmächtiger und unerschöpflicher Gott, du hast deinen Sohn gesendet. In der Fülle der Zeit ist er Mensch geworden und steht nun als deine lebendige Offenbarung unter uns. Seine Gebärde und sein Tun, sein Wort und sein Schicksal, alles verkündet dich,

den Gott, von dem die Welt aus Eigenem nicht weiß. So bitte ich dich, gib mir ein Auge, das fähig ist, Jesus Christus zu sehen; ein Ohr, das sein Wort versteht; ein Herz, das von seinem Herzen berührt ist, und lehre meine Hand, sich vertrauend in die Seine zu legen …
Lass mich ahnen, was Glauben heißt: hinüberzugehen zu deinem Boten und von ihm aus alles neu zu beginnen. Schenke mir den heiligen Mut, der sich dieses göttlichen Wagnisses freut, es immer aufs neue angeht und durch alle Anfechtungen hindurch vollendet. Amen.

(Romano Guardini)

*Heribert Feifel*

# Ich bin der Weinstock, ihr seid die Reben

LESUNG

Joh 15,1–8
In jener Zeit sprach Jesus zu seinen Jüngern: Ich bin der wahre Weinstock und mein Vater ist der Winzer. Jede Rebe an mir, die keine Frucht bringt, schneidet er ab und jede Rebe, die Frucht bringt, reinigt er, damit sie mehr Frucht bringt. Ihr seid schon rein durch das Wort, das ich zu euch gesagt habe. Bleibt in mir, dann bleibe ich in euch. Wie die Rebe aus sich keine Frucht bringen kann, sondern nur, wenn sie am Weinstock bleibt, so könnt auch ihr keine Frucht bringen, wenn ihr nicht in mir bleibt. Ich bin der Weinstock, ihr seid die Reben. Wer in mir bleibt und in wem ich bleibe, der bringt reiche Frucht; denn getrennt von mir könnt ihr nichts vollbringen. Wer nicht in mir bleibt, wird wie die Rebe weggeworfen und er verdorrt. Man sammelt die Reben, wirft sie ins Feuer und sie verbrennen. Wenn ihr in mir bleibt und wenn meine Worte in euch bleiben, dann bittet um alles, was ihr wollt: Ihr werdet es erhalten. Mein Vater wird dadurch verherrlicht, dass ihr reiche Frucht bringt und meine Jünger werdet.

BETRACHTUNG

In der Vision des Propheten Micha von der Völkerwallfahrt zum Zion am Ende der Tage, einer Vision von Frieden, Gerechtigkeit und Wohlfahrt unter der Königsherrschaft Jahwes, heißt es: »Jeder sitzt unter seinem Weinstock und unter seinem Feigenbaum und niemand schreckt ihn auf« (Mi 4,4). Der blühende, fruchtbare Weinstock – im Alten Testament immer wieder das Bild für friedliches, geglücktes, gutes Leben aus der Hand Gottes. In Ruhe unter seinem Weinstock sitzen zu können ist der Inbegriff von Frieden und Wohlfahrt, weil niemand mehr droht, mit stampfenden Stiefeln und zerstörerischen Waffen den Weinberg mit seinen Weinstöcken zu verwüsten. Und ein *jeder* sitzt unter *seinem* Weinstock – jeder, nicht nur ein paar wenige.
Seine Frucht, der Wein, hebt das Leben, ist Zeichen dafür, dass menschliches Leben sich nicht erschöpft im Alltag, sondern sich sehnt nach Erfüllung, Freude und Glück.

Jesus nimmt in seinen Abschiedsreden dieses reiche Bild auf. Er bezieht es auf sich: »Ich bin der Weinstock, ihr seid die Reben.« Der Weinstock und die Tätigkeit des Winzers werden zum anschaulichen Bild für das unfassbare Geheimnis der Gemeinschaft Jesu Christi mit seinen Freunden, eine Gemeinschaft des erfüllten Lebens. Wie die Rebe am Weinstock über diesen Nahrung und Leben hat und nicht verdorrt, so haben alle das Leben, die in Christus sind und bleiben. Wie die Rebe nur Frucht bringen kann, wenn sie am Weinstock bleibt, so können Christen nur Frucht bringen, wenn sie in Christus verwurzelt sind.
Dazu kommt die Tätigkeit des Winzers, dem der ganze Weinberg gehört. Der Winzer ist Gott selbst, der durch Jesus seinen Weinberg, sein Volk also, fruchtbar werden lässt. Dazu muss der Winzer die Rebe reinigen; da wird es Schnitte geben, da kann es Verwundungen geben, da kann manch Liebgewordenes, manch allzu Selbstverständliches, manche Marotte als wilder Trieb sich entlarven, der weg muss. Manch eine Umtriebigkeit in mir, in der Gemeinde, in der Kirche kann sich entlarven als zwar heftig wachsender, aber nichtsdestoweniger wilder Trieb, als unfruchtbarer Wassertrieb, den der Winzer abschneiden muss, damit die richtigen Triebe zu fruchtbaren Reben werden können. Der Winzer reinigt durch das Wort. Das Wort Gottes ist es, das die wilden von den rechten Trieben zu unterscheiden lehrt und die kräftezehrenden Wassertriebe von der Rebe entfernt.
Auf diese Weise kann ich Frucht bringen, aber nicht aus mir selbst heraus, sondern weil ich eingebunden bin in den Lebensstrom, der vom Weinstock ausgeht, mit ihm Gemeinschaft, Kommunion habe.
Die Eucharistie, das Sakrament des Altares, der Tisch des Herrn ist es, wo ich die Verbindung und die Gemeinschaft mit dem Weinstock Jesus Christus pflege: »Wer in mir bleibt und in wem ich bleibe, der bringt reiche Frucht; denn getrennt von mir könnt ihr nichts vollbringen.« Ohne die Eucharistie wäre die Kirche nicht lebensfähig, wäre sie vertrocknet und abgestorben. Im Brot des Lebens und im Kelch des Heiles fließt der Lebensstrom zu uns, den Reben. In der Kommunion mit dem Leib und dem Blut Christi bleibe ich am wahren und Leben spendenden Weinstock. Weil das einerseits das Alltäglichste, weil Lebensnotwendige ist, will ich dies andererseits nicht zur unbedachten Routine werden lassen und dieses Geheimnis immer wieder neu bedenken und

vertiefen in der Anbetung Jesu Christi im eucharistischen Sakrament.

LIED

»Gieß sehr tief in mein Herz hinein« (GL 554,3–4)

GEBET

»Heilige Gemeinschaft« (GL 779,4, ohne Lesung)

*Hans-Michael Schneider*

# Das geöffnete Herz Jesu

## LESUNG

Joh 19,31–37
In jener Zeit baten die Juden Pilatus, man möge den Gekreuzigten die Beine zerschlagen und ihre Leichen dann abnehmen; denn dieser Sabbat war ein großer Feiertag. Also kamen die Soldaten und zerschlugen dem ersten die Beine, dann dem andern, der mit ihm gekreuzigt worden war. Als sie aber zu Jesus kamen und sahen, dass er schon tot war, zerschlugen sie ihm die Beine nicht, sondern einer der Soldaten stieß mit der Lanze in seine Seite und sogleich floss Blut und Wasser heraus. Und der, der es gesehen hat, hat es bezeugt und sein Zeugnis ist wahr. Und er weiß, dass er Wahres berichtet, damit auch ihr glaubt. Denn das ist geschehen, damit sich das Schriftwort erfüllte: Man soll an ihm kein Gebein zerbrechen. Und ein anderes Schriftwort sagt: Sie werden auf den blicken, den sie durchbohrt haben.

## BETRACHTUNG

»Sie werden auf den blicken, den sie durchbohrt haben.« Menschlich gesehen kann man sagen: Nicht einmal im Tod wird Jesus in Ruhe gelassen; sogar im Tod wird er gequält. Aber dem Evangelisten Johannes geht es nicht in erster Linie um einen Bericht. Er möchte uns zu einer tieferen Sicht dessen führen, was im Tod Jesu geschehen ist, was sein Tod für uns bedeutet. Der Soldat liefert mit dem Lanzenstoß in das Herz Jesu einen Nachweis seines Todes. Für uns aber wird etwas ganz anderes deutlich. Johannes beschreibt: »Einer der Soldaten stieß mit einer Lanze in seine Seite und sogleich floss Blut und Wasser heraus.« Das Letzte, was Jesus gibt, ist Wasser und Blut aus seiner Seite. Man hat dieses Bild immer so verstanden: Die Kirche empfängt vom gekreuzigten Herrn das sakramentale Leben. Wasser und Blut stehen für die Sakramente, besonders für Taufe und Eucharistie als Quelle des Lebens.
Am Jakobsbrunnen sagt Jesus zu der samaritischen Frau: »Wer von dem Wasser trinkt, das ich ihm geben werde, wird niemals mehr Durst haben; vielmehr wird das Wasser in ihm zur spru-

delnden Quelle werden, deren Wasser ewiges Leben schenkt« (Joh 4,13). Im Wasser der Taufe haben wir von dem Wasser getrunken, das Jesus uns reicht. Getauft zu sein bedeutet, diese Quelle lebendigen Wassers in uns selbst wahrzunehmen und aus ihr zu leben. In meinem Inneren ist eine Lebensquelle, die für mich lebenswichtig ist. Wenn ich mit dieser Quelle in mir in Berührung bin, wenn ich mir von Jesus gleichsam den Becher mit Wasser reichen lasse, dann erlebe ich auch Trost in schweren Stunden, dann weiß ich, woraus ich lebe und was für mein Leben wesentlich ist.

In der Eucharistierede sagt Jesus: »Wer mein Fleisch isst und mein Blut trinkt, hat das ewige Leben und ich werde ihn auferwecken am Letzten Tag. Denn mein Fleisch ist wirklich eine Speise und mein Blut ist wirklich ein Trank. Wer mein Fleisch isst und mein Blut trinkt, der bleibt in mir und ich bleibe in ihm« (Joh 6,54–56). Wenn wir in der Kommunion den Leib des Herrn empfangen, wenn wir sein Blut trinken, dann haben wir Anteil an seinem Leben. Kardinal Carlo Martini kann von jedem Tag, an dem wir die Eucharistie feiern, sagen: »Heute ist der schönste Tag meines Lebens, weil Jesus sich mir ganz und gar schenkt.« Die Kommunion mit dem Herrn schafft eine einzigartige Verbundenheit. Leibhaft erfahren wir, dass seine Liebe uns leben lässt.

Wir schauen auf den, den sie durchbohrt haben. Und wir sehen das geöffnete Herz Jesu. Wir ahnen, dass uns der Herr mit dem Letzten, was er gibt, Anteil schenkt an seinem Leben. Blut und Wasser, das Leben aus den Sakramenten ist für uns eine Quelle des Lebens. Wenn wir aufschauen zum gekreuzigten Herrn, dann ist das kein neugieriges Hinschauen, sondern es ist ein gläubiges Aufblicken zu ihm. Wir schauen auf den Herrn in der Brotgestalt. Und wir schauen ihn mit Dankbarkeit und Liebe an, weil er uns teilhaben lässt an seinem Leben.

LIED

»Gottheit tief verborgen« (GL 546)

GEBET

V/A All meine Quellen entspringen in dir. (Ps 87,7)

V Jesus, Heiland der Welt.
Am Kreuz hast du dein Leben hingegeben für die Menschen.
Am Kreuz floss Blut und Wasser aus deiner Seite
als letzte Gaben an deine Kirche.
Jesus, du Quelle des Lebens.

V/A All meine Quellen entspringen in dir.

V Jesus, Heiland der Welt.
Du sprichst zu jedem von uns:
»Wer von dem Wasser trinkt, das ich ihm geben werde,
wird niemals mehr Durst haben;
vielmehr wird das Wasser in ihm zur sprudelnden Quelle werden,
deren Wasser ewiges Leben schenkt.«
Jesus, du Quelle des Lebens.

V/A All meine Quellen entspringen in dir.

V Jesus,
hilf uns, die Quelle in uns zu entdecken.
Belebe, was in uns verdorrt und verkümmert ist.
Erwecke, was einen neuen Anfang und neues Leben braucht.
Jesus, du Quelle des Lebens.

V/A All meine Quellen entspringen in dir.

V Jesus, Heiland der Welt.
Du sagst uns auch heute dein Wort:
»Wer mein Fleisch isst und mein Blut trinkt, hat das ewige Leben und ich werde ihn auferwecken am Letzten Tag.
Denn mein Fleisch ist wirklich eine Speise und mein Blut ist wirklich ein Trank.
Wer mein Fleisch isst und mein Blut trinkt, der bleibt in mir und ich bleibe in ihm.«
Jesus, du Quelle des Lebens.

V/A All meine Quellen entspringen in dir.

V Jesus,
du lässt uns trinken aus dem Kelch des ewigen Bundes.
Erfülle uns mit deinem Leben.

Heile uns durch deine Liebe.
Führe uns zum wahren und ewigen Leben.
Jesus, du Quelle des Lebens.

V/A All meine Quellen entspringen in dir.

*Thomas Böbel*

# Ich werde meine Schafe auf die Weide führen

LESUNG

Ez 34,11–16
So spricht Gott, der Herr: Ich will meine Schafe selber suchen und mich selber um sie kümmern. Wie ein Hirt sich um die Tiere seiner Herde kümmert an dem Tag, an dem er mitten unter den Schafen ist, die sich verirrt haben, so kümmere ich mich um meine Schafe und hole sie zurück von all den Orten, wohin sie sich am dunklen, düsteren Tag zerstreut haben. Ich führe sie aus den Völkern heraus, ich hole sie aus den Ländern zusammen und bringe sie in ihr Land. Ich führe sie in den Bergen Israels auf die Weide, in den Tälern und an allen bewohnten Orten des Landes. Auf gute Weide will ich sie führen, im Bergland Israels werden ihre Weideplätze sein.
Dort sollen sie auf guten Weideplätzen lagern, auf den Bergen Israels sollen sie fette Weide finden. Ich werde meine Schafe auf die Weide führen, ich werde sie ruhen lassen – Spruch Gottes, des Herrn. Die verlorengegangenen Tiere will ich suchen, die vertriebenen zurückbringen, die verletzten verbinden, die schwachen kräftigen, die fetten und starken behüten. Ich will ihr Hirt sein und für sie sorgen, wie es recht ist.

BETRACHTUNG

Vertraute Stimmen sind ein Geschenk. Sie lassen mich Vertrautheit und Zuwendung spüren. Sie lassen mich aufhorchen und oft genug hinter das gesprochene Wort hören. Vertraute Stimmen gehen zu Herzen, mitten hinein in mein Leben. Einem Menschen, dessen Stimme mir vertraut ist, schenke ich Vertrauen. Ich weiß um sein Interessse für mich.
Fremde Stimmen machen mich zunächst vorsichtig. Oft genug klingt die Stimme von Fremden bestimmend und drohend, strafend und zwingend. Groß ist das Stimmengewirr, das mein Ohr und mein Herz in Beschlag nehmen will. Mit allen Regeln kommunikativer Kunst wird auf mich eingeredet. Oft genug verrät

der Stallgeruch das Eigentliche: Interessant sind nur Erfolg und Nutzwert, Leistung und Macht. Durch die Hintertür wird versucht, mein Leben in Beschlag zu nehmen, meinen Willen zu bestimmen. Gefährliche Halbwahrheiten werden verkauft als der letzte Schrei modernen Lebens. Die Enttäuschung folgt schnell: Der meint gar nicht mich, der will nur etwas von mir.
Bei den Schafen ist es offenbar anders als bei den Menschen. Die Schafe folgen nur der Stimme, der sie Vertrauen schenken können, die ihnen vertraut ist. Menschen rennen oft genug dem nach, was sich gut und verheißungsvoll anhört.
Doch, da ist jemand da, der sich ganz und gar für mich interessiert. Da ist jemand da, der in großer Vertrautheit sich um mich kümmert.
»Jetzt will ich meine Schafe selber suchen und mich selber um sie kümmern ... Ich werde meine Schafe auf die Weide führen.«
Er ist der, der alle sammelt, die auf seine Stimme hören und ihm folgen. Er ist die Bezugsperson, die mir vertraut ist. Seine Stimme ist mir vertraut. Er spricht nicht verdeckt, seinen Anspruch versteckt er nicht hinter marktschreierischen Parolen. Seine Botschaft wird nicht hinter vorgehaltener Hand verkündet. Seine Stimme und Worte sind tröstlich und befreiend, werbend und herausfordernd. Gott, der Hirte des Lebens, ruft uns mit Namen. Er kennt uns. Auch wer keinen Namen in unserer Welt hat, wird von Gott gekannt und bei seinem Namen gerufen. Das schafft jene Vertrautheit, die wir brauchen, um seinem Ruf zu folgen und sein Wort zu verstehen. Nur ein Wort, sein Wort, ist wahr.

GESANG

Psalm 23 (GL 718)

GEBET

Worauf sollen wir hören, sag uns, worauf?
So viele Geräusche, welches ist wichtig?
So viele Beweise, welcher ist richtig?
So viele Reden! Ein Wort ist wahr.

Wohin sollen wir gehen, sag uns, wohin?
So viele Termine, welcher ist wichtig?

So viele Parolen, welche ist richtig?
So viele Straßen! Ein Weg ist wahr.

Wofür sollen wir leben, sag uns, wofür?
So viele Gedanken, welcher ist wichtig?
So viele Programme, welches ist richtig?
So viele Fragen! Die Liebe zählt.

(Lothar Zenetti – GL 623)

*Burkhard Keck*

# Ich bin der gute Hirt

LESUNG

Joh 10,11–16
In jener Zeit sprach Jesus: Ich bin der gute Hirt. Der gute Hirt gibt sein Leben hin für die Schafe. Der bezahlte Knecht aber, der nicht Hirt ist und dem die Schafe nicht gehören, lässt die Schafe im Stich und flieht, wenn er den Wolf kommen sieht; und der Wolf reißt sie und jagt sie auseinander. Er flieht, weil er nur ein bezahlter Knecht ist und ihm an den Schafen nichts liegt. Ich bin der gute Hirt; ich kenne die Meinen und die Meinen kennen mich, wie mich der Vater kennt und ich den Vater kenne; und ich gebe mein Leben hin für die Schafe. Ich habe noch andere Schafe, die nicht aus diesem Stall sind; auch sie muss ich führen, und sie werden auf meine Stimme hören; dann wird es nur eine Herde geben und einen Hirten.

BETRACHTUNG

Was echte Freunde wert sind, das erfährt man erst, wenn man in der Not ist! Diese Lebensweisheit hat sich schon tausendmal im menschlichen Leben bewahrheitet. Wenn es uns gut geht und wir Erfolg haben, sonnen sich andere gerne in unserem Glück und wollen daran teilhaben oder davon profitieren. Wenn es uns aber schlecht geht, weil wir einen lieben Menschen, zum Beispiel den Ehepartner, durch Tod verloren haben, werden wir ganz schnell einsam und manche für treu befundenen Freunde wenden sich plötzlich von uns ab. Für jeden Betroffenen ist das immer wieder neu eine sehr schmerzliche Erfahrung.
Wenn Jesus Christus im Johannesevangelium von sich sagt, er sei der gute Hirt, dann drückt er in diesem Bildwort genau die umgekehrte Verhaltensweise des echten Freundes aus: Der gute Hirt wendet sich eben nicht von seinen Schafen ab, wenn ihnen Gefahr droht. Er lässt sie nicht im Stich, sondern tritt durch den Einsatz seines eigenen Lebens für sie ein. Der gute Hirt Jesus Christus hat nichts gescheut für die Seinen, er ist den letzten Schritt für sie gegangen, den Weg des Leidens und der Hingabe bis ans Kreuz. Gerade darin, durch den Einsatz seines eigenen Lebens,

hat er sich als der gute Hirt erwiesen und den größten Freundschaftsdienst geleistet, den je ein Freund leisten konnte.
Wir haben uns versammelt, um Jesus Christus, unseren guten Hirten, anzubeten. Gerade jetzt ist er für uns, die Seinen, da! Er weicht uns nicht aus, auch wenn wir unsere tiefsten Sorgen und Nöte vor ihn bringen wollen. Im Zeichen des Brotes, das wir sehen, ist er mitten unter uns mit seiner Zusage: Ich bin für euch vor dem Letzten nicht zurückgewichen, für euch habe ich es getan! So ist er auch jetzt für uns der gute Hirt, der die Seinen kennt, der um sie weiß. Gerne erweist er uns in dieser Stunde der Anbetung seinen Freundschaftsdienst, nämlich nicht wegzuschauen und wegzuhören, wenn es uns schlecht gehen sollte. Die Zeit, die wir jetzt ganz bewusst vor und mit ihm verbringen wollen, ist eine Einladung an uns, unser Herz vor ihm auszuschütten. Wir dürfen das zur Sprache bringen, was andere nicht hören wollen, weil es in ihr Konzept von Freundschaft und immerwährendem Glück nicht passt. Er ist sympathisch, dieser gute Hirt, weil er mit-leidet, mit-fühlt, mit-geht und mit-sorgt. Seine Hingabe am Kreuz für uns alle ermutigt uns, dass wir uns jetzt ihm vorbehaltlos hingeben und ihm alles anvertrauen können, was wir der Sorge des guten Hirten empfehlen wollen.

LIED

»O Jesu, all mein Leben bist du« (GL 472,1–2)

GEBET

Herr Jesus Christus, du bist da, wann immer wir zu dir kommen. In dieser Stunde spüren wir deine Nähe auf ganz besondere Weise. Wir danken dir, dass du unser guter Hirt bist. Wir vertrauen deiner Freundschaft. Sie gibt uns Mut, dass wir uns vor dir bekennen und in den Nöten und Sorgen unseres Lebens bei dir Halt und Hilfe suchen. Wir bitten dich, lass uns nicht im Stich, wenn die Stürme des Lebens uns bedrohen und niemand mit uns gehen will. Bleibe bei uns, du guter Hirt unseres Lebens. Amen.

*Robert Kloker*

Ma
1.10.02
6.10.04

# Welch menschennaher Gott

## LESUNG

Phil 2,5–11
Seid untereinander so gesinnt, wie es dem Leben in Christus Jesus entspricht:
Er war Gott gleich,
hielt aber nicht daran fest, wie Gott zu sein,
sondern er entäußerte sich
und wurde wie ein Sklave
und den Menschen gleich.
Sein Leben war das eines Menschen;
er erniedrigte sich
und war gehorsam bis zum Tod,
bis zum Tod am Kreuz.
Darum hat ihn Gott über alle erhöht
und ihm den Namen verliehen,
der größer ist als alle Namen,
damit alle im Himmel, auf der Erde und unter der Erde
ihre Knie beugen vor dem Namen Jesu
und jeder Mund bekennt:
»Jesus Christus ist der Herr« –
zur Ehre Gottes, des Vaters.

## BETRACHTUNG

Wer kennt das nicht: ein Lied, eine Melodie, ein Vers eines Gedichtes schwingt in uns und wird in den unterschiedlichsten Situationen unseres Lebens gegenwärtig. Manchmal drängen eigene Gedanken in die Gestalt des Wortes und wir versuchen aus der Betroffenheit eines Erlebnisses Unfassbares fassbar zu formulieren, weiterzusagen, andere daran teilhaben zu lassen. Ähnlich mag das Christuslied entstanden sein, das der Apostel Paulus im Philipperbrief überliefert hat.

Wir wissen nicht, wer diesen Hymnus verfasst hat, noch wo er entstanden ist; aber wir spüren, dass der Text von einem Betroffenen verfasst wurde, dass das Lied eine Glaubensaussage ist. Zu dieser Zeit leben noch Menschen, die Jesus kannten, ihn gesehen

und gehört haben, ihm gefolgt sind, ein Stück Weges mit ihm gingen, ihm nahe waren. Andere hörten über Verwandte, Freunde und Bekannte von diesem Jesus von Nazaret, glaubten ihren Berichten und fühlten: Das ist die Wahrheit, und stehen vor der Entscheidung, zu glauben oder gleichgültig ungläubig zu bleiben.
Unser Christuslied beginnt mit der Menschwerdung des Sohnes Gottes. Jesus, in dem sich Gott selbst geoffenbart hat, kam in die Zeit, wurde ein Teil der Menschengeschichte, die durch ihn zur geglückten Heilsgeschichte wird. Er kennt kein Festhalten an dem, was er ist, der Schöpfer kommt zu seinen Geschöpfen, unterstellt sich ihrer Sozialordnung, lebt und arbeitet mit ihnen, ist einer der Ihren, so sehr der Ihren, dass die Gesellschaft ihn zum Geächteten, zum Todgeweihten, zum Hingerichteten bestimmt. Er, der auch im Erdendasein der ganz andere war und dem spürbar die Gottunmittelbarkeit innewohnte, wird zugleich auch Zeichen der Annahme und der Verweigerung des Glaubens. Der Augenblick des vermeintlichen Scheiterns in der Kreuzigung lässt die Frage aufsteigen: Was brachte das Nichtfesthalten am Gott-gleich-Sein, das selbst gewählte Mensch-Werden, das Sich-hinein-Begeben in die Gewalt des Menschen? Ist mir heute noch bewusst, welch ein »Tausch« geschah?
Gott hat sich in seinem Sohn Jesus geoffenbart und Jesus wurde uns Menschen in der Zeit geoffenbart. Jesu Zeit auf Erden ist Verkündigung des Gottesreiches, das in Jesus sichtbar für uns Menschen anbricht. Der Mensch ist in den Aufbau des Gottesreiches hier auf Erden schon mithineingenommen und trägt es mit durch die Ewigkeit, ist in Jesus Christus Teil davon. Das Herzstück der Botschaft Jesu ist, dass keiner sich am Menschen vorbei zu Gott retten kann.
Jesus selbst hat sich den Menschen gleich gemacht und wurde gehorsam bis zum Tod. »Darum hat Gott ihn über alle erhöht und ihm den Namen verliehen, der größer ist als alle Namen ... Jesus Christus ist der Herr ...« Der von Gott Erhöhte bleibt der Gekreuzigte. Der, der in Menschengestalt in die Zeit kam, in der Zeit mit uns Menschen lebte, kehrt heim zum Vater und bringt Neues mit, die Zeit seines Menschseins, sein Menschsein. Welch unfassbarer Gott, welch menschennaher Gott, welch allumfassende Liebe!
Jahrhunderte später versucht Thomas von Aquin in seinem Hymnus »Gottheit tief verborgen« genauso wie die Urchristen,

Unfassbares in Worte zu kleiden. Jeder, der von Gott ergriffen ist, der sein Leben mit ihm in seinem Alltag teilt, der Hymnen und Lieder auf Gott singt, der sich vor der Eucharistie neigt, der bei Prozessionen den Segen Gottes auf die Natur und die Menschen mitherabfleht, der die Zeichen, die uns für die Nähe Gottes geschenkt sind, wahrnimmt und verehrt, der ist auch heute auf dem Weg mit Jesus, dem Herrn, der bei den Menschen sein wollte, der mit den Menschen alles teilte, Freude und Leid, Leben und Tod, Gott den Vater und sein Reich.

GESANG

»Jesus Christus ist der Herr« (GL 694) oder
»Gottheit tief verborgen« (GL 546)

GEBET

Allmächtiger Gott,
wir bekennen, dass unser Erlöser
bei dir in deiner Herrlichkeit ist.
Erhöre unser Rufen
und lass uns erfahren,
dass er alle Tage bis zum Ende der Welt
bei uns bleibt, wie er uns verheißen hat.
Er, der in der Einheit des Heiligen Geistes
mit dir lebt und herrscht in alle Ewigkeit. Amen.

(Messbuch 191)

*M. Johanna vom Kreuz-Hauke OCD*

# LIEDBETRACHTUNGEN

## Beim letzten Abendmahle

LIEDTEXT

Beim letzten Abendmahle, die Nacht vor seinem Tod,
nahm Jesus in dem Saale Gott dankend Wein und Brot.

»Nehmt«, sprach er, »trinket, esset: das ist mein Fleisch, mein Blut,
damit ihr nie vergesset, was meine Liebe tut.«

Dann ging er hin, zu sterben aus liebevollem Sinn,
gab, Heil uns zu erwerben, sich selbst zum Opfer hin.

(GL 537 – Text: Christoph von Schmid)

LIEDBETRACHTUNG

In das Paschamahl des Alten Gottesvolkes (Mk 14,12–26) hat Jesus – am Abend, bevor er sich freiwillig dem Leiden stellte – sein Letztes Abendmahl, das Abendmahl des Neuen Bundes eingestiftet. Seine Gemeinde soll es nach seinem Tod und seiner Auferweckung immer wieder so feiern …
»damit ihr nie vergesset, was meine Liebe tut«.
Der fränkisch-schwäbische Priester, Jugenderzieher und Schriftsteller Johann Nepomuk Christoph Friedrich Schmid (1768–1854) hat das Ereignis in ein beliebtes Kirchenlied gefasst, das in überarbeiteter Form in unserem »Gotteslob« zu finden ist, zum Nachsingen und Nachbeten …
»damit ihr nie vergesset, was meine Liebe tut«.
Den alten Sauerteig mussten die Israeliten am Vormittag des 14. Nisan aus ihren Häusern wegschaffen. Beim Paschamahl sollte nur ungesäuertes Brot im Hause sein. Am Tag, da die Israeliten sich zum Paschamahl rüsteten, schließt sich Jesus mit seinen Jüngern dem Brauch seines Volkes an. Er weist seine Jünger an, einen geeigneten Raum für das Paschamahl und das Essen des Paschalammes zu suchen und entsprechend herzurichten. Ge-

mäß den genau umrissenen Paschavorschriften sollte das Mahl nach Sonnenuntergang stattfinden, zu Beginn des 15. Nisan also. Die Paschalämmer waren bereits am Nachmittag geschlachtet worden. Auf diesem Hintergrund der jüdischen Paschatradition und angesichts der drohenden Ereignisse des Karfreitags entfaltet sich, was die Gemeinde Jesu Christi bis heute Sonntag für Sonntag feiert ...

»damit ihr nie vergesset, was meine Liebe tut«.

Im Kreis seiner Jünger will Jesus den Alten Bund erneuern, ein neues Bündnis begründen. Das neue Mahl soll zum Zeichen dieses Bundes werden. Dies bleibt das kostbarste Vermächtnis, das Jesus den Glaubenden hinterlassen wollte. Daran können wir uns halten. Dort finden wir die Mitte und den Ursprung und das Ziel. Bei der Eucharistiefeier wird das neue Bündnis Gottes mit uns Menschen immer wieder erneuert und lebendig gemacht für uns ...

»damit ihr nie vergesset, was meine Liebe tut«.

Der Neue Bund wurde der jüdischen Paschafeier eingestiftet: Der Hausvater sprach einen Segensspruch über den ersten Becher. Als Vorspeise dienten Kräuter und Tunke. Der zweite Becher wurde gemischt. Der Hausvater sprach die Haggada. Nach dem ersten Halleluja wurde der zweite Becher getrunken. Über die ungesäuerten Brote sprach der Hausvater das Tischgebet. Jetzt wurden Paschalamm, Mazzen, Bitterkräuter, Fruchtmus und Wein zum Mahl gereicht. Über den dritten Becher, den eigentlichen Segensbecher, wurde das Tischgebet gesprochen. Der vierte Becher wurde eingeschenkt. Das zweite Halleluja wurde angestimmt. Mit dem Lobspruch endete die Mahlfeier. Eingebettet in diese alte jüdische Paschatradition hat Jesus sein neues Bundesmahl eingestiftet ...

»damit ihr nie vergesset, was meine Liebe tut«.

Seitdem Jesus im Kreis seiner Jünger, auf dem Hintergrund dieser Tradition, das Brot in die Hand nahm, um es zu brechen und ihnen zur Speise zu geben, hat er seiner Gemeinde unendlich oft dies Zeichen seiner Gegenwart neu geschenkt. Seitdem er den Segensbecher in die Hand nahm, um ihn seinen Jüngern zum Trinken anzubieten, schenkt er dieses Bundeszeichen seiner Gemeinde immer wieder neu ...

»damit ihr nie vergesset, was meine Liebe tut«.

LIED

»Beim letzten Abendmahle« (GL 537)

GEBET

Wir sagen dir Dank, unser Vater,
für den heiligen Weinstock Davids, deines Knechtes,
den du uns kundgetan hast durch Jesus, deinen Knecht.
Dir die Ehre in Ewigkeit!

Wir sagen dir Dank, unser Vater,
für das Leben und die Erkenntnis,
die du uns kundgetan hast durch Jesus, deinen Knecht.
Dir die Ehre in Ewigkeit!

Wie dieses Brot zerstreut war auf den Hügeln hin
und nun, zusammengebracht, eines geworden ist,
also werde zusammengebracht deine Kirche
von den Enden der Erde in dein Reich.
Denn dein ist die Macht und die Herrlichkeit
durch Jesus Christus in Ewigkeit.

Wir sagen dir Dank, heiliger Vater, für deinen heiligen Namen,
dem du ein Zelt bereitet hast in unseren Herzen,
und für die Erkenntnis und den Glauben
und die Unsterblichkeit, die du uns kundgetan hast
durch Jesus, deinen Knecht.
Dir die Ehre in Ewigkeit!

Wir sagen dir Dank, heiliger Vater, weil du mächtig bist.
Du, Herr, Allherrscher, hast alles erschaffen
um deines Namens willen.
Speise und Trank hast du den Menschen gegeben zur Erquickung,
damit sie dir danken.
Uns aber hast du gegeben geistliche Speise und Trank
und ewiges Leben durch Jesus, deinen Knecht.
Dir die Ehre in Ewigkeit!

Gedenke, o Herr, deiner Kirche, sie zu entreißen allem Bösen
und sie zu vollenden in deiner Liebe.
Und bringe sie heim von den vier Winden, die geheiligte,
in dein Reich, das du ihr bereitet hast.
Denn dein ist die Macht und die Herrlichkeit
durch Jesus Christus in Ewigkeit. Amen.

(Zwölfapostellehre)

SEGENSGEBET

Wir rufen zu dir, barmherziger Gott:
Schau gnädig auf dein Volk, das an dich glaubt.
Lass alle, die auf deine Güte vertrauen, deine Hilfe erfahren
und überall die Großtaten deiner Liebe verkünden.
Darum bitten wir durch Christus, unseren Herrn. Amen.

(Messbuch 570)

*Anton Bauer*

# Das Geheimnis lasst uns künden

LIEDTEXT

Das Geheimnis lasst uns künden,
das uns Gott im Zeichen bot:
Jesu Leib, für unsre Sünden
hingegeben in den Tod,
Jesu Blut, in dem wir finden
Heil und Rettung aus der Not.

Von Maria uns geboren,
ward Gott Sohn uns Menschen gleich,
kam zu suchen, was verloren,
sprach das Wort vom Himmelreich,
hat den Seinen zugeschworen:
Allezeit bin ich bei euch.

Auf geheimnisvolle Weise
macht er dies Versprechen wahr;
als er in der Jünger Kreise
bei dem Osterlamme war,
gab in Brot und Wein zur Speise
sich der Herr den Seinen dar.

Gottes Wort, ins Fleisch gekommen,
wandelt durch sein Wort den Wein
und das Brot zum Mahl der Frommen,
lädt auch die Verlornen ein.
Der Verstand verstummt beklommen,
nur das Herz begreift's allein.

Gott ist nah in diesem Zeichen:
knieet hin und betet an.
Das Gesetz der Furcht muss weichen,
da der neue Bund begann;
Mahl der Liebe ohnegleichen:
nehmt im Glauben teil daran.

Gott, dem Vater und dem Sohne
singe Lob du Christenheit,
auch dem Geist auf gleichem Throne
sei der Lobgesang geweiht.
Bringet Gott im Jubeltone
Ehre, Ruhm und Herrlichkeit. Amen.

(GL 544 – Text: Thomas von Aquino, Übertragung Maria Luise Thurmair)

## LIEDBETRACHTUNG

Einer der bekanntesten Hymnen über das Geheimnis der Eucharistie wird Thomas von Aquin (1225–1274), einem der großen Theologen und Kirchenlehrer des Mittelalters, zugeschrieben: »Das Geheimnis lasst uns künden.«
Dieser Hymnus macht vorweg darauf aufmerksam, dass wir es bei der heiligen Eucharistie mit einem Mysterium zu tun haben. Ein Geheimnis ist nicht »mysteriös«. Es lädt ein, seine Tiefen auszuloten. Es enthält die Fülle unseres Glaubens. In sechs Strophen hat Thomas von Aquin die Geschichte des Heiles gebündelt.
Gottes Wort ist ins Fleisch gekommen, »von Maria uns geboren« – so beginnt Gottes Zuwendung zu uns Menschen. »Gottes Sohn uns Menschen gleich« sucht, was verloren ist, und kündet die Frohbotschaft vom Reich Gottes. In Wundern und Zeichen erleben Menschen die Nähe Gottes. Diese soll nicht bloß vorübergehend sein. Unser Lied erinnert an Jesu Wort bei seinem Heimgang zum Vater: Er »hat den Seinen zugeschworen: Allezeit bin ich bei euch«.
Jesus macht dieses Versprechen wahr: So oft er mit den Jüngern das Brot bricht und ihnen den Kelch reicht, ist er mitten unter ihnen. Dieses Vermächtnis des Herrn haben die Seinen weitergegeben bis zum heutigen Tag. Es ist keine Leerformel, wenn wir bei jeder Eucharistiefeier bezeugen und einander erinnern: »Deinen Tod, o Herr, verkünden wir und deine Auferstehung preisen wir, bis du kommst in Herrlichkeit.« Karfreitag und Ostern sind die zentralen Daten Gottes im Erlösungsgeschehen. Thomas von Aquin macht sie zur Mitte seines Liedes: Das Osterlamm hat sich für unsere Sünden hingegeben in den Tod. In Jesu Blut finden wir Heil und Rettung aus Not und Tod. Die grundlegenden Fragen,

die uns allen auf den Nägeln brennen, werden hier angesprochen: Wer bringt neue Perspektiven in unser Leben? Wer beantwortet unser zeitliches Ende? Und wer sich in der Sackgasse von Unglaube und Schuld verrannt hat, darf sich durch das Lied sagen lassen: Auch der Verlorene ist zum Mahl der Frommen geladen und darf das Brot des Lebens zum Überleben essen. Aus dieser Perspektive wird aus unserem oft so selbstverständlichen Kommuniongang bei der Messe ein dramatisches Unternehmen, dessen Tragweite Thomas andernorts so umschreibt: »O heiliges Mahl, in dem Christus unsere Speise ist: Gedächtnis seines Leidens, Fülle der Gnade, Unterpfand der künftigen Herrlichkeit.«
Die Haltung bei der Anbetung ist das Knien. Der Hymnus lädt dazu ein, weil wir es bei der Eucharistie in ihrem Vollzug als Mahl und bei der bleibenden Gegenwart des Herrn im Brot mit einem absoluten Mysterium zu tun haben: »Der Verstand verstummt beklommen, nur das Herz begreift's allein.« Die Furcht vor dem lebendigen Gott schwindet angesichts der Liebe, die bei der Teilnahme am Abendmahl Jesu den Mitfeiernden geschenkt wird. Von hier aus erübrigt sich die Frage, ob wir sonntags das Gedächtnis des Todes und der Auferstehung Christi in unseren Gemeinden mitfeiern sollen. Die Messfeier am ersten Tag der Woche ist eigentlich nichts anderes als Lobpreis und Dank. Wir haben es mit einem Gott zu tun, der in Jesus Christus kraft des Geistes uns allen zugewandt bleibt. Darum endet auch bei Thomas der Hymnus mit einem Lobpreis auf den dreieinigen Gott: »Gott dem Vater und dem Sohne singe Lob, du Christenheit; auch dem Geist auf gleichem Throne sei der Lobgesang geweiht. Bringet Gott im Jubeltone Ehre, Ruhm und Herrlichkeit. Amen.«

LIED

»Das Geheimnis lasst uns künden« (GL 544)

GEBET

Herr Jesus Christus,
du hast gesagt: Allezeit bin ich bei euch.
Wir danken dir, dass du unter uns Menschen wohnst.
Im Abendmahl feiern wir deine Gegenwart.

Du hast sie gebunden an unser tägliches Brot.
So oft wir dieses Brot des ewigen Lebens empfangen,
erfahren wir die Gemeinschaft mit dir,
dem gekreuzigten und auferstandenen Herrn.
Dein Leben ist mit unserem endlich-sterblichen Leben
verwoben.
Durch dich werden wir der Herrlichkeit zugeführt,
die du beim Vater hast.
Wir bitten dich: Bleibe bei uns, Herr,
solange wir in dieser Weltzeit sind.
Deine Gegenwart im wunderbaren Brot sei uns
Trost und Zuversicht, Licht und Kraft
im Leben und Sterben. Amen.

*Heribert Feifel*

# Gottheit tief verborgen

LIEDTEXT

Gottheit tief verborgen, betend nah ich dir.
Unter diesen Zeichen bist du wahrhaft hier.
Sieh, mit ganzem Herzen schenk ich dir mich hin,
weil vor solchem Wunder ich nur Armut bin.

Augen, Mund und Hände täuschen sich in dir,
doch des Wortes Botschaft offenbart dich mir.
Was Gott Sohn gesprochen, nehm ich glaubend an;
er ist selbst die Wahrheit, die nicht trügen kann.

Einst am Kreuz verhüllte sich der Gottheit Glanz,
hier ist auch verborgen deine Menschheit ganz.
Beide sieht mein Glaube in dem Brote hier;
wie der Schächer ruf ich, Herr, um Gnad zu dir.

Kann ich nicht wie Thomas schaun die Wunden rot,
bet ich dennoch gläubig: »Du mein Herr und Gott!«
Tief und tiefer werde dieser Glaube mein,
fester lass die Hoffnung, treu die Liebe sein.

Denkmal, das uns mahnet an des Herren Tod!
Du gibst uns das Leben, o lebendig Brot.
Werde gnädig Nahrung meinem Geiste du,
dass er deine Wonnen koste immerzu.

Gleich dem Pelikane starbst du, Jesu mein;
wasch in deinem Blute mich von Sünden rein.
Schon ein kleiner Tropfen sühnet alle Schuld,
bringt der ganzen Erde Gottes Heil und Huld.

Jesus, den verborgen jetzt mein Auge sieht,
stille mein Verlangen, das mich heiß durchglüht:
lass die Schleier fallen einst in deinem Licht,
dass ich selig schaue, Herr, dein Angesicht.

(GL 546 – Text: Thomas von Aquino, Übertragung Petronia Steiner)

LIEDBETRACHTUNG

Ein Mensch und ein Gott –
welch große Distanz dazwischen, welch weite Entfernung.
Ein Mensch: endlich und begrenzt,
klein, sündhaft, einer unter vielen.
Ein Gott: unendlich und allmächtig,
groß, gerecht und ein einziger zwischen Himmel und Erde.
Zunächst ist zwischen einem Menschen und einem Gott
eine große Distanz,
ein scheinbar unüberbrückbarer Abstand.
Verborgen ist dieser Gott dem Menschen,
abwesend und unnahbar,
beinahe fremd.
Doch siehe,
Gott hüllt sich in ein Stück Brot.
Er nähert sich verkleidet,
damit wir seinen Anblick ertragen.
Er birgt sich in einem Bissen Brot,
damit unsere Augen nicht zu sehr geblendet werden.
Gottheit tief verborgen,
unter diesen Zeichen bist du wahrhaft hier.
Mir stockt der Atem,
ich staune vor solchem Wunder,
ich wage es,
mich zu nähern,
mit dir, Gott, in Beziehung zu treten
im Gebet,
im Anbeten deiner Größe und Schönheit,
im Bitten,
im Danken,
im Schenken.
Sieh, mit ganzem Herzen
schenk ich dir mich hin,
weil vor solchem Wunder ich nur Armut bin.

LIED

»Gottheit tief verborgen« (GL 546)

## GEBET

V Gottheit tief verborgen.
A Betend nah ich dir.
V Gott eingehüllt in ein Brotkleid.
A Betend nah ich dir.
V Gott gegenwärtig im Zeichen.
A Betend nah ich dir.
V Gott im Wunder offenbar.
A Betend nah ich dir.
V Gott, einziger im Himmel und auf der Erde.
A Betend nah ich dir.

V Verborgener, gegenwärtiger Gott. Unsere Augen sind blind für dein Angesicht; doch du zeigst dich uns in sichtbarer Gestalt. Unser Mund ist nicht fähig, von dir zu sprechen, doch du offenbarst uns deine Botschaft. Unsere Hände können das Wunder deiner Auferstehung nicht fassen; doch du legst dich uns in unsere offene Hand. Verborgener, gegenwärtiger Gott, sieh unsere Sehnsucht nach deiner Nähe, spüre unser Verlangen nach deiner Gegenwart und lass uns kosten, wie gut du bist. Amen.

*Christiane Bundschuh-Schramm*

# O heilger Leib des Herrn

LIEDTEXT

O heilger Leib des Herrn,
für unser Heil und Leben
am Kreuz dahingegeben,
hier bist du uns nicht fern:
o heilger Leib des Herrn.

Du willst uns Speise sein,
um mit uns schon auf Erden
ein Leib und Geist zu werden
im Mahl von Brot und Wein:
du willst uns Speise sein.

Du unser Osterlamm,
du hast dein Blut vergossen;
dein Herz ist aufgeschlossen,
aus dem uns Leben kam:
du unser Osterlamm.

Du wahres Himmelsbrot,
vom Vater uns gegeben,
wer dich isst, der wird leben;
du weckst ihn auf vom Tod:
du wahres Himmelsbrot.

Du Hirt, von Gott gesandt,
um sicher durch die Zeiten
das Volk des Herrn zu leiten
in das verheißne Land:
du Hirt, von Gott gesandt.

Du bist das Licht der Welt.
Du bist zu uns gekommen,
und die dich aufgenommen,
die sind durch dich erhellt:
du bist das Licht der Welt.

O Licht vom ewgen Licht,
du lebst in uns verborgen,
bis uns der helle Morgen
der Herrlichkeit anbricht:
o Licht vom ewgen Licht.

(GL 538 – Text: Friedrich Dörr 1954/1971)

LIEDBETRACHTUNG

Ostern prägt zutiefst jede Eucharistiefeier. In Freude und Dank gedenkt die versammelte Gemeinde des Pascha Jesu Christi, seines Durchgangs durch den Tod zum Leben, in den sie bei dieser Feier einbezogen wird. Die Mitte der Eucharistie ist der gekreuzigte, auferstandene und verklärte Herr, der seine Gemeinde zusammenruft, bei ihr bleibt und in ihr wirkt durch seinen Geist. Einer der Kommuniongesänge des »Gotteslob« besingt diese tätige Gegenwart des Christus in der Eucharistie: »O heilger Leib des Herrn«.

Die sprachliche Gestalt der einzelnen Strophen verdient Beachtung. Der Leitgedanke wird in der ersten Zeile jeder Strophe wie eine Antiphon angestimmt und in den folgenden Zeilen vertieft. Die letzte Zeile wiederholt jeweils den Leitgedanken im Sinne eines zusammenfassenden Bekenntnisses. Diese Einrahmung der Strophen verstärkt zugleich ihren meditativen Charakter.

*O heilger Leib des Herrn* (Str. 1): Das Abendmahlswort Jesu klingt an: »Das ist mein Leib, der für euch hingegeben wird« (Lk 22,19). Die Eucharistie feiert das Gedächtnis des Herrn und gedenkt seines Lebensopfers am Kreuz. Sie will uns leibhaftig mit dem Herrn verbinden und in seine Hingabe an den Vater hineinziehen.

*Du willst uns Speise sein* (Str. 2): Der österliche Herr, gezeichnet mit den Spuren seines Leidens, will »im Mahl von Brot und Wein« unsere Speise sein. Er vereint sich mit uns, damit wir mit ihm und untereinander »ein Leib und Geist« werden. Aus der Tischgemeinschaft mit dem Herrn lebt die Kirche in ihrer Einheit und Vielfalt.

*Du unser Osterlamm* (Str. 3): Wo immer die Gemeinden sich zur Eucharistie versammeln, wird Ostern von neuem zum Ereignis. Das Ostergeheimnis (die Väter des Zweiten Vatikanischen Konzils sagen mit der alten Kirche: »das Pascha-Mysterium«) hat seine bleibende Mitte in der Eucharistie, im Mahl des wahren Osterlammes. Das vergossene Blut und das geöffnete Herz des Gekreuzigten sind für uns die nie versiegenden Quellen des Lebens und Heils.

*Du wahres Himmelsbrot* (Str. 4): Der Hunger nach Leben und Liebe, der uns Menschen plagt und umtreibt, kann allein durch das Brot des Lebens gestillt werden, das Jesus Christus ist und gibt: »Wer von diesem Brot isst, wird in Ewigkeit leben« (Joh 6,51). In der Eucharistie, dem Mahl des neuen Lebens, wird uns der Keim der Auferstehung und das Pfand der Unsterblichkeit anvertraut.

*Du Hirt von Gott gesandt* (Str. 5): Das Volk Gottes braucht auf seinem gefährlichen und mühsamen Weg durch die Zeit Führung und Geleit, um das Ziel sicher zu erreichen. Auf den Guten Hirten ist Verlass. Er kennt den Weg und das Ziel und liebt alle, die zu ihm gehören und mit ihm gehen. Er schreitet uns voran.

*Du bist das Licht der Welt* (Str. 6): Dem Dunkel der Zeit und der Finsternis der Welt wären wir heillos ausgeliefert, wenn uns nicht das »Licht aus der Höhe« (Lk 1,78) aufgeleuchtet wäre. Das wahre Licht verändert die Menschen: »Ich bin das Licht der Welt. Wer mir nachfolgt, wird nicht in der Finsternis umhergehen, sondern wird das Licht des Lebens haben« (Joh 8,12).

*O Licht vom ewgen Licht* (Str. 7): Tief in uns ist das »Licht vom Licht« verborgen. Es wird offenbar werden, wenn der große Tag des Herrn anbricht und alles in sein überirdisches Licht taucht.

So ansprechend dieses Lied ist, so reich ist es an biblischen und liturgischen Assoziationen. Es kann uns helfen, die Kommunion als österliche Christusbegegnung zu erfahren und zu erleben.

LIED

»O heilger Leib des Herrn« (GL 538)

GEBET

Wir preisen dich, unsichtbarer Vater, du Spender ewigen Lebens. Du bist der Urquell jeder Gnade und jeder Wahrheit. Du liebst die Menschen und bist der Freund der Armen. Durch die Einkehr deines geliebten Sohnes bei uns lässt du dich mit allen versöhnen und ziehst alle an dich.

Mache aus uns lebendige Menschen. Gib uns den Geist des Lichtes, dass wir dich und Jesus Christus, den du gesandt hast, erkennen. Gib uns den Heiligen Geist, damit wir deine unergründlichen Geheimnisse künden und erklären können. Aus uns möge reden Jesus, der Herr, und der Heilige Geist.
Durch uns soll er dich lobpreisen. Denn du bist erhaben über jede Macht und Gewalt und Kraft und Herrschaft.

(Serapion von Thmuis)

*Werner Groß*

# Gott sei gelobet und gebenedeiet

LIEDTEXT

Gott sei gelobet und gebenedeiet,
der uns selber hat gespeiset
mit seinem Fleische und mit seinem Blute;
das gib uns, Herr Gott, zugute.
Kyrieleison.
Herr, du nahmest menschlichen Leib an,
der von deiner Mutter Maria kam.
Durch dein Fleisch und dein Blut
hilf uns, Herr, aus aller Not.
Kyrieleison.

Dein heilger Leib ist in den Tod gegeben,
dass wir alle dadurch leben.
Nicht größre Güte konnte er uns schenken;
dabei wir solln sein gedenken.
Kyrieleison.

Gott geb uns allen seiner Gnade Segen,
dass wir gehn auf seinen Wegen
in rechter Lieb und brüderlicher Treue,
dass die Speis uns nicht gereue.
Kyrieleison.

(GL 494 – Text nach Medingen, Str. 2 und 3 nach Martin Luther)

LIEDBETRACHTUNG

»Mitte des ganzen christlichen Lebens« – so nennt die Allgemeine Einführung in das Messbuch die Messfeier und fügt hinzu: »Alle anderen gottesdienstlichen Feiern und alle Werke christlichen Lebens stehen mit der Messe in Zusammenhang: Sie gehen aus ihr hervor und führen zu ihr hin.« Es ist deshalb selbstverständlich, dass Sinn und Würde der Eucharistiefeier auch in zahlreichen Liedern ihren Ausdruck finden. Unter ihnen kommt dem Lied »Gott sei gelobet und gebenedeiet« besondere Bedeutung zu, da es zum ökumenischen Liedgut gezählt und sowohl bei der Eucharistiefeier wie bei der Abendmahlsfeier gesungen wird.

Wer von der Eucharistie singt, kann nicht anders, als Gott loben und preisen, dass er uns an seinen Tisch bittet und selber uns speist. (»Benedeien, lat. benedicere, bedeutet nicht nur segnen, sondern auch preisen.) Die *erste Strophe* stellt das Lob und den Dank betont an den Beginn und lässt die Bitte folgen, dass die göttliche Speise uns »zugute« komme – genauer: unserem Leib und unserer Seele, unserem Tun und Lassen, unserem Glauben, Hoffen und Lieben, unserem Leben und Sterben. Die Eucharistie erweist ihre gute Kraft im Alltag und hilft, in den Spuren Jesu zu gehen und nach seinem Evangelium zu leben.

Die *zweite Strophe* schaut auf das Kreuz und die Hingabe Jesu in sein Leiden und Sterben. Aus seinem Tod erwächst unser Leben. Durch seinen Tod schenkt er uns Leben von seinem Leben. Wer kann dieses Geheimnis verstehen? Wohl niemand! Deshalb lädt dieses Lied zu kleinen Schritten des gläubigen Begreifens ein, indem es an Worte Jesu erinnert:

- »Nicht größere Güte konnte er uns schenken«. In seinen Abschiedsreden sagte Jesus: »Es gibt keine größere Liebe, als wenn einer sein Leben für seine Freunde hingibt« (Joh 15,13).
- »... dabei wir solln sein gedenken«. Der verpflichtende Auftrag Jesu steht über jeder Eucharistiefeier: »Tut dies zu meinem Gedächtnis« (1 Kor 11,24).

Die *dritte Strophe* stellt die Gabe der Eucharistie der Aufgabe des christlichen Lebens gegenüber. Die Feier am Tisch des Herrn schließt mit der Sendung hinein in die Welt. In der Kraft dieser Speise können wir die Wege Gottes gehen »in rechter Lieb und brüderlicher Treue«. Die Schlussstrophe formuliert keinen befehlenden Imperativ, sondern eine demütige Bitte. Wer die Liebe lebt, den wird der Empfang der Speise nicht reuen.

Der *Kehrreim* erinnert an die Menschwerdung Gottes, aus der die Eucharistie lebt. Weil Jesus Christus einen menschlichen Leib annahm, können wir im Zeichen des Brotes seinen Leib empfangen. Die Gemeinschaft mit ihm im Sakrament schenkt uns »Hilfe aus aller Not«.

LIED

»Gott sei gelobet und gebenedeiet« (GL 494)

## GEBET

Du, unser Gott und Vater,
wir sagen dir Dank, loben dein Erbarmen und preisen deine Menschenfreundlichkeit. Du nährst uns mit der Speise, die uns stärkt, allein deinem Wort und Willen zu folgen.
Ist unser Glaube auch schwach, unsere Hoffnung unsicher und unsere Liebe gering, nimm sie barmherzig an um deines Sohnes willen, der uns gerufen hat an seinen Tisch und zu seinem Mahl, unser Herr Jesus Christus, der mit dir lebt und herrscht in alle Ewigkeit. Amen.

*Werner Groß*

# Im Frieden dein

LIEDTEXT

Im Frieden dein, o Herre mein,
lass ziehn mich meine Straßen.
Wie mir dein Mund gegeben kund,
schenkst Gnad du ohne Maßen,
hast mein Gesicht das selge Licht,
den Heiland, schauen lassen.

Mir armem Gast bereitet hast
das reiche Mahl der Gnaden.
Das Lebensbrot stillt Hungers Not,
heilt meiner Seele Schaden.
Ob solchem Gut jauchzt Sinn und Mut
mit alln, die du geladen.

O Herr, verleih, dass Lieb und Treu
in dir uns all verbinden,
dass Hand und Mund zu jeder Stund
dein Freundlichkeit verkünden,
bis nach der Zeit den Platz bereit
an deinem Tisch wir finden.

(GL 473 – Text: Friedrich Spitta nach Johann Englisch)

LIEDBETRACHTUNG

Der Dankgesang schaut auf die Eucharistiefeier und ermutigt zum Rückblick und Ausblick. Die drei Strophen regen an, die Feier (1), die Gabe (2) und die Aufgabe (3) der Eucharistie mit den Augen des Herzens zu bedenken und zu betrachten.
Bei näherem Zusehen erweist sich die *erste Strophe* als eine kurzgefasste Paraphrase des Lobgesangs »Nunc dimittis«, den der Evangelist Lukas dem greisen Simeon in den Mund legt. Sein voller neutestamentlicher Wortlaut eröffnet einen ersten Zugang zum Lied »Im Frieden dein«:
»Nun lässt du, Herr, deinen Knecht,
wie du gesagt hast, in Frieden scheiden.

Denn meine Augen haben das Heil gesehen,
das du vor allen Völkern bereitet hast,
ein Licht, das die Heiden erleuchtet,
und Herrlichkeit für dein Volk Israel« (Lk 2,29–32).

Der Weg, der zum Tisch des Herrn führte, geht weiter. Wer wieder aufbricht, wird begleitet (so unser Lied) von Gottes Friede, Gottes Gnade und Gottes Angesicht, das in Jesus Christus aufstrahlt. In der Eucharistiefeier ließ der Herr sein Wort hören und sein Licht schauen. Er steht zu seiner Verheißung: »Ich gewähre Gnade, wem ich will, und ich schenke Erbarmen, wem ich will« (Ex 33,19). Im Schenken lässt er sich von niemandem übertreffen; seine Weitherzigkeit ist »ohne Maßen«. Die Mitte der Eucharistie ist der »Heiland«, der seiner Gemeinde in Wort und Sakrament nahe ist. Seine Gegenwart gleicht einem »seligen Licht«, das inmitten der Gemeinde leuchtet.

Die Gabe der Eucharistie fasst die *zweite Strophe* in einem Satz zusammen: »Mir armem Gast bereitet hast das reiche Mahl der Gnaden.« Wir kommen mit unserer menschlichen Armut, der Herr geht uns entgegen und erfüllt uns mit seinem göttlichen Reichtum. Das Brot des Lebens legt er in unsere leeren Hände, um unseren Hunger zu stillen und unseren inneren Menschen zu heilen. Gottes Gabe löst Freude und Jubel aus; die ganze Tischgemeinschaft weiß sich im Lobpreis ihres Gastgebers verbunden. Es ist unsere Auszeichnung (wie die zweite Strophe am Anfang und Ende betont), zum Tisch des Herrn geladen und dort Gast zu sein.

Die Eucharistie empfangen heißt aus ihr leben. Die Gabe wird zur Aufgabe. Die *dritte Strophe,* formuliert als Bitte an den Gastgeber, nennt zwei Verpflichtungen der Tischgäste:

- die Gemeinschaft in Liebe und Treue mit Christus und mit allen, die seinen Namen tragen,
- das Lebenszeugnis, das in Wort und Tat die Freundlichkeit Christi »zu jeder Stund« verkündet.

Unterwegs sind diese Verpflichtungen zu erfüllen, bis wir am Ziel unserer Wege angelangt sind und unseren Platz am ewigen Tisch des Herrn einnehmen dürfen. Dann wird das Fest ohne Ende beginnen.

Die Eucharistie steht in einem weiten Horizont, der Zeit und Ewigkeit verbindet. Sie ist einerseits Wegzehrung, damit wir auf den Straßen unseres Lebens vorankommen, anderseits ist sie

Vorgeschmack der künftigen Herrlichkeit, damit wir hier und heute bereits kosten und schmecken können, zu welcher Hoffnung wir berufen sind.

LIED

»Im Frieden dein« (GL 473)

GEBET

Du, unser Gott und Vater,
wir leben von deiner Güte und stärken uns an deinen Gaben. Du lädst uns ein, wir sind Gäste am Tisch deines Sohnes und er ist der Herr unseres Mahles.
Lass uns in seiner Kraft aufbrechen und einst bei ihm ankommen, der uns auf dem Weg vom Dunkel zum Licht, vom Leid zur Freude, vom Tod zur Auferstehung vorausgegangen ist:
unser Herr Jesus Christus, der mit dir lebt und herrscht in alle Ewigkeit. Amen.

*Werner Groß*

# O Jesu, all mein Leben bist du

## LIEDTEXT

O Jesu, all mein Leben bist du,
ohne dich nur Tod.
Meine Nahrung bist du,
ohne dich nur Not.
Meine Freude bist du,
ohne dich nur Leid.
Meine Ruhe bist du,
ohne dich nur Streit,
o Jesu.

O Jesu, all mein Glaube bist du,
Ursprung allen Lichts.
Meine Hoffnung bist du,
Heiland des Gerichts.
Meine Liebe bist du,
Trost und Seligkeit.
All mein Leben bist du,
Gott der Herrlichkeit,
o Jesu.

(GL 472 – Text: Schulgesangbuch Fulda, Str. 2 nach Georg Thurmair)

## LIEDBETRACHTUNG

»Jesusgebete« kennt die geistliche Tradition in großer Zahl. In die Reihe der vielfältigen Jesusgebete gehört auch das Lied »O Jesu, all mein Leben bist du«. Seine beiden Strophen beginnen und enden mit dem Aufruf »O Jesu«, der dem Lied eine beachtliche inhaltliche Konzentration gibt. Dem Lied geht es um Jesus, allein um Jesus. Man kann daher das Lied mit der bekenntnishaften Aussage zusammenfassen: »Jesus mein alles!«
»Der Gehalt der *ersten, ursprünglich einzigen Strophe* mutet an wie die Summe eines Lebens, in dem der Kampf um die höchste Erfüllung des Menschseins bis zum Ende ausgetragen wurde und in der Begegnung mit Jesus seinen befreienden Abschluss gefun-

den hat« (Petronia Steiner). Die sprachliche Gestalt ist wohl überlegt und bis ins Einzelne durchgeformt, sodass der geistliche Gehalt klar und deutlich zum Ausdruck kommen kann. Die erste Strophe umfasst in acht Verszeilen vier ganz und gar gleich gebaute Sätze. Der erste Teil der Sätze schließt jeweils mit »bist du«, nämlich Leben, Nahrung, Freude, Ruhe, während der zweite Teil mit »ohne dich nur« beginnt, nämlich Tod, Not, Leid, Streit. Diese gegensätzliche Betrachtung lässt das einzigartige Geschenk eines Lebens mit Jesus aufleuchten.

Auch die *zweite Strophe* bleibt bei der sprachlichen Gestalt und der Grundaussage der ersten: »Jesus mein alles!« Noch mehr: Die zweite Strophe verstärkt die erste: Jesus – mein Glaube, meine Hoffnung, meine Liebe. Er wird mit dreimal zwei Substantiven gekennzeichnet: »Ursprung allen Lichts« – »Heiland des Gerichts« – »Trost und Seligkeit«. Schließlich kulminieren die Anreden in dem Ehrennamen »Gott der Herrlichkeit«. Im letzten Satz des Liedes klingt sein erster Satz noch einmal an und rundet den ganzen Gesang ab: »All mein Leben bist du …«

Das Lied ist überaus anspruchsvoll und verlangt ein schrittweises Hineinwachsen in seine intensive Christusfrömmigkeit.

Was Jesus ist und gibt, bringt das Lied mit biblischen Anklängen zur Sprache. Einige Beispiele aus der ersten Strophe können die Vielfalt möglicher Assoziationen andeuten:

- Leben: »Ich bin gekommen, damit sie das Leben haben und es in Fülle haben« (Joh 10,10).
- Nahrung: »Ich bin das Brot des Lebens; wer zu mir kommt, wird nie mehr hungern« (Joh 6,35).
- Freude: »Dies habe ich euch gesagt, damit meine Freude in euch ist und damit eure Freude vollkommen wird« (Joh 15,11).
- Ruhe: »Kommt alle zu mir, die ihr euch plagt und schwere Lasten zu tragen habt. Ich werde euch Ruhe verschaffen« (Mt 11,28).

»Die Welt des Unbeständigen und Vergänglichen aber steht immer im Schatten der Hauptaussage des Satzes. Sie wird nur mit einem einzigen Substantiv wachgerufen, dem keinerlei Prädikat folgt« (Petronia Steiner). Jesus hat in seinem Leben und Sterben für uns Tod, Not, Leid und Streit überwunden.

LIED

»O Jesu, all mein Leben bist du« (GL 472)

GEBET

O mein Jesus
Ich möchte dir dienen
und ich finde den Weg nicht.
Ich möchte das Gute tun
und ich finde den Weg nicht.
Ich möchte dich finden
und ich finde den Weg nicht.
Ich möchte dich lieben
und ich finde den Weg nicht.
Ich kenne dich noch nicht, mein Jesus,
weil ich dich nicht suche.
Ich suche dich
und ich finde dich nicht.
Komm zu mir, mein Jesus.

Ich werde dich niemals lieben,
wenn du mir nicht hilfst, mein Jesus.
Zerschneide meine Fesseln,
wenn du mich haben willst, mein Jesus.

Jesus, sei mir Jesus.

(Philipp Neri)

*Werner Groß*

# Unser Leben sei ein Fest

## LIEDTEXT

Unser Leben sei ein Fest,
Jesu Geist in unserer Mitte,
Jesu Werk in unseren Händen,
Jesu Geist in unseren Werken.
Unser Leben sei ein Fest
in dieser Stunde und jeden Tag.

Unser Leben sei ein Fest,
Jesu Hand auf unserem Leben,
Jesu Licht auf unseren Wegen,
Jesu Wort als Quell uns'rer Freude.
Unser Leben sei ein Fest
in dieser Stunde und jeden Tag.

Unser Leben sei ein Fest,
Jesu Kraft als Grund uns'rer Hoffnung,
Jesu Brot als Mahl der Gemeinschaft,
Jesu Wein als Trank neuen Lebens.
Unser Leben sei ein Fest
in dieser Stunde und jeden Tag.

(Text: Josef Metternich Team)

## LIEDBETRACHTUNG

»Unser Leben sei ein Fest« – ist das nicht eine zu positive Sicht unseres menschlichen Lebens, die da in dem vorgetragenen Liedtext sich ausspricht? Feste erleben wir bewusst doch nur, weil es auch den Alltag gibt, der oft genug allzu »grau« erscheint. Die Alltäglichkeit durchzieht viel mehr unser Leben als die Festesfreude: die Alltäglichkeit von Arbeiten und Sorgen, die Alltäglichkeit von Leistungsdruck und Stress, die Alltäglichkeit von Krankheit, Leid und Tod. Wie kann man da behaupten, dass unser Leben ein Fest sei? Der große christliche Philosoph Josef Pieper ist der Frage nach dem Wesensgehalt jeden Festes nachgegangen und hat dabei zu der schönen Aussage gefunden, dass

jedes Fest »die Zustimmung zur Welt« auf feierliche Weise zum Ausdruck bringe. Mit dieser prägnanten Formulierung finden wir vielleicht einen Zugang zu der Herausforderung, die in unserem so positiven Liedtext steckt. Wenn jedes Fest letztendlich unser eigenes Ja zu dieser Welt beinhaltet, dann kann doch unser ganzes Leben in dem Sinn zu einem Fest werden, dass wir alles annehmen und gutheißen, was Gott für uns in diesem Leben bereit hält, auch wenn es nicht nur Freude und Glück ist!
Was aber lässt uns letztendlich Ja sagen zu allem, was uns in diesem Leben widerfährt, damit es als Ganzes zum Fest werde? Unser Lied benennt einen eindeutigen Grund: Jesus Christus selber! Sein Geist, sein Werk, seine Hand, sein Licht, sein Wort, seine Kraft, sein Brot und sein Wein sind es, die uns das Leben zum Fest werden lassen, weil wir nur mit Ihm und durch Ihn alles bejahen und in allem einen tieferen Sinn entdecken können, was das Leben uns gibt an Freude und Leid.
Wir haben uns versammelt, um Jesus Christus im Zeichen des Brotes anzubeten. In diesem Zeichen, so glauben wir, ist er uns ganz nahe. Wir können ihn anschauen in dieser Stunde der Anbetung und in der Feier des heiligen Mahles dürfen wir ihn sogar in uns aufnehmen. Wir verbinden uns zutiefst mit ihm, der für uns das Ja Gottes zu dieser Welt und zu uns Menschen geworden ist und der sich selber auf diese Welt bis zum bitteren Leiden und Sterben am Kreuz eingelassen hat. Im Betrachten seines Lebens und Werkes, das im Zeichen des Brotes tatsächlich in unseren Händen liegt, wie unser Lied sagt, erhalten wir die Kraft, unser Ja zu sprechen, positiv dem Leben gegenüberzustehen, dass es wirklich ein Fest wird.
Alltag und Fest, sie durchziehen auch weiterhin unser Leben, ja sie müssen es sogar. Aber im Blick auf Jesus Christus, im Blick auf sein Ja, das er zu allem gesprochen hat, fällt es uns leichter, unsere Zustimmung zur Welt zu geben, unser Leben, mit all seinen Facetten anzunehmen und auch die Menschen, denen wir auf unserem Lebensweg begegnen. Unser Leben wird zum Fest, weil Jesus Christus es mit uns lebt und uns bleibend nahe ist, besonders wenn wir beim Fest des Glaubens sein Brot und seinen Wein empfangen.

LIED

»Unser Leben sei ein Fest« (Erdentöne Himmelsklang 153)

GEBET

Kommt
lasst uns niederfallen
und anbeten das Geheimnis unseres Lebens.

Kommt
lasst uns niederfallen
und bewundern den Grund unseres Lebens.

Denn
wir gehören nicht uns selbst
sondern dem, der uns geschaffen hat.
Wir sind eingefügt in diese Welt
ausgeliefert den Wechselfällen des Lebens
und doch in allem geführt und gehalten.

So lasst uns niederfallen
und bewundern den Grund unseres Lebens.

Lasst uns niederfallen
und anbeten das Geheimnis unseres Lebens.

(Anton Rotzetter)

*Robert Kloker*

# Du rufst uns, Herr, an deinen Tisch

## LIEDTEXT

Du rufst uns, Herr, an deinen Tisch
und schenkst uns selber ein.
Du bist das Opfer für die Welt,
bezeugt durch Brot und Wein.
Herr, dein Wort ist die Kraft, die das Neue schafft.

Wir kommen, Herr, zu deinem Mahl
aus der Verlorenheit.
Du hast die Tür uns aufgetan
und tust es alle Zeit.
Herr, dein Wort ist die Kraft, die Versöhnung schafft.

Wir hören, Herr, auf dein Gebot;
du schickst uns in die Welt.
Dass alle deinen Frieden sehn:
dazu sind wir bestellt.
Herr, dein Wort ist die Kraft, die den Frieden schafft.

Du rufst uns, Herr, an deinen Tisch
und rufst uns nicht allein.
Du willst in jedem, der uns braucht,
selbst gegenwärtig sein.
Herr, dein Wort ist die Kraft, die die Liebe schafft.

(GL 880 – Ausgabe Freiburg und Rottenburg-Stuttgart.
Text: Johannes Jourdan)

## LIEDBETRACHTUNG

Gott ruft Menschen, weil er sich um sie sorgt. In seinem Sohn zeigt er, wer er ist: ein Gott für alle. Er versammelt sie um sich und leistet ihnen den Tischdienst. Sie spüren, dass die offene Art, wie er ihnen begegnet, ermutigt. Vorurteile gelten in seiner Gegenwart nichts mehr. Schuld ist kein Grund mehr, aus der Gemeinschaft ausgestoßen zu werden. Sein ehrlicher Umgang bringt Menschen zusammen, die nach den Vorschriften nicht zusammen gehören. Er spricht Menschen direkt an und zeigt ihnen,

dass immer ein neuer Anfang möglich ist. Brot und Wein sind am Ende seines Lebens Zeichen für seine Gegenwart. Er verschenkt und vergibt sich. Gott gibt ihm dazu die Kraft.
Die Satten finden daran nichts Besonderes. Nur wer hungert, freut sich auf eine Einladung zum Essen. Gerufen sind alle, die sich verloren fühlen und mit einer Einladung überhaupt nicht rechnen. Verlorenheit meint den Zustand, unverschuldet oder selbstverschuldet isoliert worden zu sein. Wenn die Kraft, wieder am Leben teilnehmen zu können, verloren ist, stiftet er neue Beziehung zwischen Menschen. Zur ertappten Ehebrecherin, über die Gericht gehalten werden soll, sagt er: »Geh hin und sündige fortan nicht mehr.« Sein Wort versöhnt immer, wo Menschen sich öffnen. Er versteht und urteilt nicht.
Gott lieben, das ist das Einzige und Wichtigste. Das ist der biblische Leitfaden für alle, die sich rufen lassen. Aus diesem Ruf folgt die Sendung in die Welt. Wer sich von Gott ergriffen weiß, ist erst dann im Glück, wenn er zu den Menschen geht. In allen Berufungsgeschichten erschrecken die betroffenen Menschen über den Anruf Gottes. Wer den Frieden in sich selbst erfährt und ihn ernsthaft will, muss ihn weitertragen. Friedfertige Menschen dulden keine Gewalt und gehen den Ursachen des Unfriedens auf den Grund. Wenn wir am Ende einer Eucharistiefeier in Frieden entlassen werden, dann ist das Zuspruch und Aufforderung in Einem.
Es ist möglich, allein an einem Tisch zu sitzen. Für Jesus heißt »am Tisch sitzen«: in Gemeinschaft zusammen sein. Allein leben macht einsam. Mit anderen zusammen sein ist zuweilen anstrengend, aber eröffnet neue Erfahrungen. Auf jede aufrichtige Bitte antwortet er selber. Im Nächsten ist er Bruder und Schwester. Er redet wie zwei Menschen miteinander, die sich von ihrer Liebe getragen wissen.

LIED

»Du rufst uns, Herr, an deinen Tisch« (GL 880 – Ausgabe Freiburg und Rottenburg-Stuttgart)

GEBET

Guter Gott,
du versammelst uns alle um den einen Tisch. Wir empfangen von dir Worte, die uns ermutigen, und Gaben, die uns beschenken. Niemanden hältst du von dieser Gemeinschaft fern. Wenn wir meinen ausgrenzen zu müssen, bist du derjenige, der Verständnis zeigt und Umkehrwilligen einen neuen Anfang schenkt. Wir bitten dich: Mache unser Herz weit. Sende uns als deine Botinnen und Boten, damit wir deine Liebe bezeugen. Schenke uns Kraft, die Verlorenen zu suchen. Lass uns zu Menschen werden, die aus der Kraft deiner Gemeinschaft Frieden verbreiten, damit wir deine Liebe bezeugen können. Amen.

*Martin Stöffelmaier*

# Wenn das Brot, das wir teilen

## LIEDTEXT

Wenn das Brot, das wir teilen, als Rose blüht,
und das Wort, das wir sprechen, als Lied erklingt,
dann hat Gott unter uns schon sein Haus gebaut,
dann wohnt er schon in unserer Welt.
Ja dann schauen wir heut' schon sein Angesicht
in der Liebe, die alles umfängt.

Wenn das Leid jedes Armen uns Christus zeigt,
und die Not, die wir lindern, zur Freude wird,
dann hat Gott …

Wenn die Hand, die wir halten, uns selber hält,
und das Kleid, das wir schenken, auch uns bedeckt,
dann hat Gott …

Wenn der Trost, den wir geben, uns weiter trägt,
und der Schmerz, den wir teilen, zur Hoffnung wird,
dann hat Gott …

Wenn das Leid, das wir tragen, den Weg uns weist,
und der Tod, den wir sterben, vom Leben singt,
dann hat Gott …

(Text: Claus Peter März)

## LIEDBETRACHTUNG

*Wenn das Brot, das wir teilen, als Rose blüht …*

Brot brechen und teilen ist ein Zeichen, das zwischen mehreren Menschen geschieht. Wenn Menschen hungern, bedeutet für sie Brot alles. Dieses Brot teilen und empfangen heißt: am Leben bleiben. Brot steht für Leben. Für dieses Leben stehen viele Symbole: zum Beispiel Rosen, die duften. Sie werden verschenkt als Zeichen der persönlichen Zuneigung. Menschen, die ihr Brot teilen, spüren, dass sie getragen sind. Brot kann wie eine blühende Rose sein.

Worte, die wir uns sagen, können viele Tonarten haben. Sie können nichtssagend sein oder höflich oder freundlich. Sie können falsch sein oder wahr. Worte können enttäuschen oder aufbauen. Sie können unverbindlich oder verbindlich sein. Die musikalische Vertonung kleidet Worte. Worte können einstimmig und vielstimmig vertont werden. Der Ausdruck wird durch die Vertonung intensiv und schafft ein neues Klangbild. Wenn das Wort in der versammelten Gemeinschaft zum Lied wird, dann kann das ein Zeichen dafür sein, dass Gott unter uns ist.

*Wenn das Leid jedes Armen uns Christus zeigt …*

»Was ihr für einen meiner geringsten Brüdern (und Schwestern) getan habt, das habt ihr mir getan« (Mt 25,40b). Wer danach lebt und handelt, geht in den Spuren Jesu. Der Dienst aneinander ist ein wesentlicher Grunddienst und ein wichtiges Erkennungszeichen von Kirche. Die Jünger erhielten die Aufforderung, den Auferstandenen in Galiläa zu suchen. Dieser Hinweis des Engels an die Jünger am Grab meint: Geht dorthin, wo er gelebt hat, begegnet dort den Armen und Kranken. Dann wird er mitten unter euch sein.

Im selben Maße, wie wir Nöte unter uns bekämpfen, wird ein Gefühl innerer Freude entstehen. Sie kommt bei denen auf, die Hilfe erfahren, und fällt auf die zurück, die für Not empfindsam sind.

*Wenn die Hand, die wir halten, uns selber hält …*

Wenn wir uns die Hand halten, ist das ein Zeichen wortloser Zuwendung. Es ist ein Zeichen der Nähe und Anteilnahme. Kinder nehmen wir in bedrohlichen Situationen an die Hand. Wir geben ihnen dadurch Schutz und Orientierung. Dieses Bild wird auch immer wieder auf das Verhältnis zwischen Gott und Mensch angewendet. Diese Beziehung ist partnerschaftlich. Einem kranken Menschen die Hand halten trägt beide gleichermaßen: den gesunden wie den kranken Menschen.

Ein Kleid hergeben fällt im Allgemeinen nicht schwer, solange noch genügend andere Kleider da sind. Wer viel oder gar alles hergibt, wird auch selbst reich beschenkt. Es gab und gibt solche Menschen unter uns, die Gottes Liebe selbstlos bezeugen.

*Wenn der Trost, den wir geben, uns weiter trägt …*

In schweren Stunden hilft oft nur noch Trost. Hilfe geschieht durch gutes Zureden. Manchmal ist die schweigende Anwesenheit besser als viele gut gemeinte Worte. Sprache versagt, wenn die Not sehr groß ist. In jedem Fall ist echter Trost von einer intensiven inneren Teilnahme bestimmt. Sie stützt wechselseitig. Schmerz teilen verschafft Erleichterung. Diesen Schmerz mittragen beseitigt die Ursache nicht, aber es erleichtert. Geteiltes Leid ist halbes Leid. Aus diesem Sprichwort entnehmen wir eine alte Lebensweisheit. Es keimt in jeder Hilfe die Hoffnung und die Zuversicht.

*Wenn das Leid, das wir tragen, den Weg uns weist …*

Manche Menschen sehen und fühlen sich vom Leid verfolgt. Sie erfahren Leid nicht gelegentlich, sondern in dichter Folge. Leid wird so zum Weg. »Dies Leben ist doch lauter Tod«, heißt diese Erfahrung in einem Kirchenlied.
Tod ist bedrohlich. Er hat zu Lebzeiten viele Spielarten: Enttäuschungen, Unglück, Krankheit, Hass und Krieg. Immer wieder wehren sich Menschen gegen den Tod erfolgreich. Das ist nur in der Kraft des Glaubens möglich. Sie fragen ihn an wie in einem alten Vers: »Tod, wo ist dein Sieg? Tod, wo ist dein Stachel?« (1 Kor 15,55). So kann nur fragen, wer an das Leben glaubt.
Gott ist in vielfacher Weise erfahrbar. Er baut an seinem Haus weiter. Haus meint das, was Jesus als Reich Gottes bezeichnet hat. Das Schlüsselwort dafür ist eine umfassende Liebe.

GEBET

Guter Gott,
wir wissen von deinem Sohn, wer du bist. Er hat begonnen, deine Botschaft uns erneut anzukündigen und sie zu leben. Er hat in besonderer Weise dich als den Gott der Menschen bezeugt. Er teilte das Brot und die Gemeinschaft mit allen, die unsicher und auf der Suche waren. Er linderte die Not der Armen und pries sie glücklich. Er kümmerte sich um die Kranken und Elenden, die ausgeschlossen waren. Das brachte ihn immer mehr in Konflikt mit denen, die nicht bereit waren, seinen Weg zu gehen. Er, der

Menschen die Bedrohung nahm, wurde nun selbst bedroht. Er, der Zeichen der Liebe setzte, wurde jetzt gehasst. So nahm er vor seinem Urteilsspruch Abschied von den Seinen und blieb sich und dir treu. Er teilte bei jenem Pascha-Mahl mit seinen Allernächsten nochmals das Brot und trank aus dem Becher. Hilf uns in diesem Zeichen auch unseren Auftrag an unseren Mitmenschen zu erkennen und bestärke uns, ihm nachzugehen. Umfasse uns ganz mit deiner Liebe. Sie soll unsere Welt verändern. Amen.

*Martin Stöffelmaier*

# BETRACHTUNGEN MIT KINDERN

## Jesus teilt mit uns das Brot

BETRACHTUNG (im Dialog mit den Kindern)

Die allermeisten Leute essen jeden Tag Brot: zum Frühstück, manchmal auch zum Mittagessen, beim Abendbrot und oft auch zwischendurch. Brot oder Brötchen in irgendeiner Form.
Was für ein Brot habt ihr heute schon gegessen? (Wurstbrot, Marmeladebrot, Käsebrot ...)
Bevor wir von einem Brotlaib essen können, muss er aufgeschnitten werden oder je nach Brotsorte, zum Beispiel bei einem Baguette, kann man auch Brotstücke brechen. Auch ein Brötchen müssen wir erst aufschneiden und teilen, wenn wir es mit Wurst, mit Nutella oder sonst was Leckerem füllen möchten.
Brot essen wir nie am Stück, sondern wir teilen es vorher auf. Ein Brot am Stück wäre unpraktisch zum Essen.
Brot teilen ist aber nicht nur etwas Praktisches, für viele Menschen ist das auch ein Zeichen der Freundschaft. Vielleicht habt ihr auch schon mal ein Stück Brot geteilt und jemandem abgegeben (Pausenbrot, beim Spielen ...)
Brot miteinander teilen ist etwas Schönes. Jemand hat mir mal gesagt, geteiltes Brot schmeckt besser. Wenn man Brot alleine essen muss, ist es nicht so gut. Und wenn man mit Menschen, die hungern und nicht genug zu essen haben, das Brot teilt, ist man wie ein Lebensretter.
Wenn ich mit jemandem Brot teile und esse, dem kann ich auch nicht böse sein. Brot teilen heißt: Ich will dir was Gutes tun, ich teile mit dir, ich bin dein Freund/deine Freundin. Vielleicht sollten wir das öfter tun.
Brot teilen und austeilen tun wir auch hier in der Kirche, jeden Sonntag *(evtl. die Kinder erzählen lassen).* Es ist ein besonderes Brot. Es ist Brot, das uns an Jesus erinnert und daran, wie er mit seinen Freunden Brot geteilt und gegessen hat. Wie er das ein letztes Mal, am Abend vor seinem Tod getan hat, lese ich euch aus der Heiligen Schrift vor (ihr kennt diese Geschichte auch vom Erstkommunionunterricht):

Als die Stunde gekommen war, setzte er sich mit den Aposteln zu Tisch. Und er sagte zu ihnen: Wie sehr habe ich mir gewünscht, vor meinem Leiden dieses Paschamahl mit euch zu essen. Denn ich sage euch: Ich werde es nicht mehr feiern, bis es seine Erfüllung findet im Reich Gottes. Dann nahm er einen Becher, sprach das Dankgebet und sagte: Nehmt ihn und reicht ihn unter euch weiter! Denn ich sage euch: Von nun an werde ich nicht mehr von der Frucht des Weinstocks trinken, bis das Reich Gottes kommt. Dann nahm er Brot, sprach das Dankgebet, brach das Brot und reichte es ihnen mit den Worten: Das ist mein Leib, der für euch hingegeben wird. Tut dies zu meinem Gedächtnis! Ebenso nahm er nach dem Mahl den Kelch und sagte: Dieser Kelch ist der neue Bund in meinem Blut, das für euch vergossen wird. (Lk 22,14–20 aus: Bibel für die Grundschule)

Immer wenn wir hier in der Kirche diese Geschichte hören und das Brot miteinander teilen, erinnern wir uns an Jesus und wir glauben, dass er bei uns ist in diesem Brot, so wie er es gesagt hat. Das ist mein Leib – Das bin ich.
Wenn wir dieses Brot essen, sind wir mit ihm verbunden, er ist bei uns wie ein Freund.
Jesus ist bei uns im Brot *(evtl. auf die Monstranz zeigen).* Deshalb kommen die Menschen heute in die Kirche, sie wollen Jesus besuchen, zu ihm beten, mit ihm reden wie mit einem guten Freund.
*(Einladung an die Kinder zum Gebet in einer – kurzen – Stille)*

GEBET

V/A »O Herr, wir loben und preisen dich und danken dir von Herzen« (GL 504)
V/A »Singet dem Herrn! Singt ihm mit Freuden! Preiset ihn und danket unserm Gott!« (GL 513)

V Jesus, in diesem heiligen Brot bist du bei uns.
Wir dürfen dich immer wieder empfangen.
Du willst uns ganz nahe sein.
Du willst unser Freund sein.
Du schenkst uns Freude und Kraft.
Wenn wir von diesem Brot essen, sind wir mit dir und miteinander verbunden.

Wir sind eine Gemeinschaft.
Gib, dass wir aneinander Freude haben.
Hilf uns, an dich zu glauben und dir zu vertrauen.

V/A »O Herr, wir loben und preisen dich …« (GL 504)
V/A »Singet dem Herrn …« (GL 513)

Zu: »Preiset den Herrn, denn er ist gut« (GL 280)

Strophen:
1. Er lädt uns ein an seinen Tisch.
2. Er schenkt sich uns in diesem Brot.
3. Er teilt uns seine Liebe aus.
4. In diesem Mahl gibt er uns Kraft.
5. Er bleibt bei uns als guter Freund.

*Margret Schäfer-Krebs*

# Jesus lädt uns an seinen Tisch

BETRACHTUNG (Dialog mit den Kindern)

*Vorbereitung: Tischkärtchen, Stifte.*

Immer wieder gibt es in der Familie, mit Freunden, im Dorf/in der Stadt etwas zu feiern. Da gibt es Frühlings-, Sommer- und Herbstfeste. Sportfeste, Schulfeste, Musikfeste ..., Geburtstage, Hochzeitstage, Erstkommunion, Firmung ...
Welche Feste hat es bei euch in der letzten Zeit gegeben? (Kindergeburtstag, Taufe, Hochzeit ...)
Gab es dabei etwas, das euch besonders gut gefallen hat? Was war besonders schön? (...)
Wenn ich zu einem Fest eingeladen bin, freue ich mich auf manche Leute, die kommen, und natürlich auf das Essen. Ein Fest ohne Essen kann man sich eigentlich gar nicht vorstellen. Wenn es allen schmeckt, die Leute sich gut unterhalten und wenn es für die Kinder tolle Spiele gibt, dann ist das Fest schön und alle fühlen sich richtig wohl.
Es gibt natürlich auch Dinge, die ein Fest stören und die Laune verderben lassen. (...)
Zu einem schönen Fest gehören Leute, die sich nichts Böses wollen und sich gemeinsam freuen über die Einladung und all das, was es bei diesem Fest gibt. Unsere Kirche hier ist auch so etwas wie ein Festsaal mit einem Tisch. An diesem Tisch, wir sagen dazu Altar, sind wir zu Gast bei Jesus.
Jesus hat in seinem Leben oft mit seinen Freunden zusammen gegessen und gefeiert. Die Bibel erzählt uns, dass Jesus auch von Leuten eingeladen wurde: von ganz vornehmen Leuten, aber auch von Menschen, die unbeliebt waren und mit denen niemand feiern wollte. Einmal hat sich Jesus sogar selber bei einem Mann eingeladen, den die Leute gar nicht mochten. Kennt jemand diese Geschichte? (Zachäus)
Jesus wollte mit allen Menschen zu Tisch sitzen, sich unterhalten und mit ihnen feiern. Er wollte damit zeigen, dass es bei Gott keine Außenseiter und auch keine besseren Leute gibt, bei ihm sind alle willkommen und eingeladen.

Der Evangelist Matthäus erzählt davon:

Jesus sah einen Zolleinnehmer an der Zollstelle sitzen. Er hieß Matthäus. Jesus sagte zu ihm: »Komm, folge mir!« Und Matthäus stand auf und folgte ihm.
Als Jesus dann zu Hause zu Tisch saß, kamen viele Zolleinnehmer und andere, die einen ebenso schlechten Ruf hatten, um mit ihm und seinen Jüngern zu essen. Die Pharisäer sahen es und fragten die Jünger: »Wie kann euer Lehrer sich mit Zolleinnehmern und ähnlichem Volk an einen Tisch setzen?«
Jesus hörte es und antwortete: »Nicht die Gesunden brauchen den Arzt, sondern die Kranken! Überlegt doch einmal, was es bedeutet, wenn Gott sagt: ›Ich fordere von euch nicht, dass ihr mir irgendwelche Opfer darbringt, sondern dass ihr barmherzig seid.‹ Ich bin nicht gekommen, solche Menschen in Gottes neue Welt einzuladen, bei denen alles in Ordnung ist, sondern solche, die Gott den Rücken gekehrt haben.«
(Mt 9,9–13 aus: Gute Nachricht Bibel, revidierte Fassung)

Bis heute lädt Jesus die Menschen an seinen Tisch: Junge und Alte, Reiche und Arme, Kranke und Gesunde; nicht nur Menschen aus ... (Name der Gemeinde), sondern auch von (Namen von Orten aus der näheren Umgebung) und auch Menschen aus anderen Ländern und Erdteilen.
Jesus möchte mit uns zusammen sein und feiern wie mit den Menschen damals. Darum hat er am Abend vor seinem Tod mit seinen Freunden noch einmal gegessen und etwas ganz Wichtiges gesagt und getan:
Er hat ein Brot genommen, er hat Gott dafür gedankt und gesagt: Ihr könnt mich nach meinem Tod so nicht mehr sehen; aber ich bin bei euch, wenn ihr zusammenkommt und feiert; wenn ihr weitererzählt, was ihr mit mir erlebt habt; wenn ihr das Brot teilt, so wie ich es jetzt tue, und wenn ihr das Brot miteinander esst, so wie ich es jetzt mit euch tue. Ich bin bei euch wie dieses Brot.
Bis heute ist Jesus im Brot bei uns, wir sagen deshalb »Leib Christi« dazu. Das ist uns sehr wichtig und kostbar, deshalb ist heute der Leib Christi in diesem großen und schönen Gefäß (in der Monstranz), dass ihn alle sehen können und zu Jesus beten können.
Heute kommen die Menschen in die Kirche, um sich wieder zu erinnern, dass Jesus im heiligen Brot immer bei uns ist; und um ihm dafür zu danken.

Jesus lädt uns an seinen Tisch – jeden Sonntag. Darauf wollen wir uns jetzt vorbereiten und ihr dürft auf die Tischkärtchen euren Namen schreiben. Wer Lust hat, darf noch etwas dazumalen.

*Die Tischkärtchen werden ausgeteilt und von den Kindern beschriftet und bemalt. Dann werden die Kinder eingeladen, die Tischkärtchen zum Altar zu bringen, als Zeichen, dass sie am nächsten Sonntag willkommene und erwartete Gäste sind.*

GEBET

Liedvers: »Danket, danket dem Herrn« (GL 283 Kanon)

V Für die Menschen, die wir lieb haben
A danken wir dir, Jesus
V Für das Essen jeden Tag
V Für die schönen Feste in diesem Jahr
V Für alles, was uns Spaß und Freude macht
V Für die Menschen, die uns mögen und uns helfen

»Danket, danket dem Herrn« (GL 283 Kanon)

V Für Menschen, die Not leiden
A bitten wir dich, Jesus
V Für alle Kranken
V Für alle, die alleine sind und keine Freunde haben
V Für alle, die große Sorgen und Kummer haben
V Für alle Kinder, die unter Krieg, Not und Armut leiden

»Danket, danket dem Herrn« (GL 283 Kanon)

V Jesus, du hast den Menschen von Gott erzählt
A Lob sei dir, Jesus
V Du hast ihnen gezeigt, dass Gott sie liebt
V Du hast Menschen geheilt und getröstet
V Du hast ihnen die Sünden vergeben
V Du hast mit den Menschen gegessen und gefeiert

»Danket, danket dem Herrn« (GL 283 Kanon)

V Du lädst auch uns hier an deinen Tisch
A Dank sei dir, Jesus
V Du bist bei uns in diesem Brot
V Du bleibst bei uns in unserem Herzen

V Du bist unser Freund
V Wir können immer zu dir beten.

»Danket, danket dem Herrn« (GL 283 Kanon)

*Margret Schäfer-Krebs*

# Wir sind Jesu Brüder und Schwestern

LESUNG

Mk 3,31–35
In jener Zeit kamen die Mutter Jesu und seine Brüder; sie blieben vor dem Haus stehen und ließen Jesus herausrufen. Es saßen viele Leute um ihn herum und man sagte zu ihm: Deine Mutter und deine Brüder stehen draußen und fragen nach dir. Er erwiderte: Wer ist meine Mutter und wer sind meine Brüder? Und er blickte auf die Menschen, die im Kreis um ihn herumsaßen, und sagte: Das hier sind meine Mutter und meine Brüder. Wer den Willen Gottes erfüllt, der ist für mich Bruder und Schwester und Mutter.

BETRACHTUNG

Die Paula hat eine Schwester, das ist die Nele. Und einen Bruder hat sie auch, der heißt Max. Die Nele teilt mit der Paula das Zimmer, aber sie lässt immer alles rumliegen. Das ärgert die Paula, weil sie es doch viel lieber ordentlich mag. Und wenn Paula abends noch länger Licht brennen hat, weil sie noch lesen will, meckert Nele so lange, bis Mutter kommt und das Licht ausmacht. Mit dem Max ist Paula gerne draußen unterwegs. Mit so einem großen Bruder kann man ganz schön viel entdecken. Aber neulich, als Paula so traurig war, weil ihr Meerschweinchen krank war, da hat er sie vor seinen Freunden ausgelacht: »So eine alte Heulsuse.« Das hat Paula ihm nicht verziehen. Überhaupt hätte sie viel lieber ihre Freundin Marie als Schwester. Mit der versteht sie sich so richtig gut. Die Marie hat gleich mitgeweint, als sie ihr von dem kranken Meerschweinchen erzählt hat. Und nicht nur das. Es ist schon vorgekommen, dass sie zur genau gleichen Zeit die gleiche Idee hatten. Manchmal ziehen sie sich ähnlich an und spielen vor anderen Leuten, dass sie Schwestern sind. Das beste ist, wenn sie dann gefragt werden, ob sie denn Zwillingsschwestern wären. Wie wäre das toll, wenn die Marie wirklich ihre Schwester wäre!
Ihr habt bestimmt auch »Wunschgeschwister«, die ihr liebend gerne in eure Familie aufnehmen oder manchmal noch besser mit

euren richtigen Geschwistern tauschen würdet. Es ist einfach so: Oft sind uns Freunde und Freundinnen näher als die eigenen Geschwister. Wir finden uns als Freunde, weil wir erleben, dass wir etwas miteinander anfangen können, weil wir entdecken, dass wir ähnliche Ideen und Vorstellungen haben, und weil wir spüren, dass die andere ähnlich fühlt wie ich. Das Freundschaftsband verbindet Menschen wie das Verwandtschaftsband. Aber die Menschen haben sich diese Verbindung selbst ausgesucht.
Wisst ihr, dass auch Jesus Wunschgeschwister hatte? Einmal saß er zusammen mit seinen Freunden und Freundinnen. Sie redeten miteinander und Jesus erklärte ihnen viel von seinem Vater im Himmel. Da kamen seine Mutter und seine Brüder und ließen ihn nach draußen rufen. Aber für Jesus war das Verwandtschaftsband nicht das wichtigste. Er schaute in die Runde zu seinen Freunden und Freundinnen und erklärte ihnen: Ihr seid mir Bruder und Schwester und Mutter. Ihr seid mir wichtig und nah, weil ihr mit mir an Gott glaubt und auf Gott in eurem Leben achten wollt.
Jesu Band ist noch verbindender als das Freundschaftsband. Sein Band ist das Glaubensband. Im Glauben verbindet uns Gott, der wie ein Vater oder eine Mutter zu uns ist, als Kinder Gottes zu Geschwistern. Jesus ist unser Bruder, wir alle sind Brüder und Schwestern Jesu. Und wir alle sind also Wunschgeschwister im Glauben.
Das wollen wir jetzt feiern und richtig spüren, indem wir uns die Hände reichen und uns fest drücken und miteinander beten, wie Jesus mit seinen Wunschgeschwistern damals gebetet hat:
Vater unser …

LIED

»Erfreue dich Himmel« (GL 259)

WECHSELGEBET

V Jesus, du bist unser Bruder.
Du hast den Menschen von der Liebe Gottes erzählt,
davon, wie Gott uns alle wie ein Vater oder eine Mutter liebt.
Als Bruder nimmst du uns in die Arme
und lässt uns die Liebe spüren.

A Wir danken dir und wollen deine Geschwister sein.

V Jesus, du bist unser Bruder.
Du hast die Liebe Gottes weitergegeben.
Du hast auch Menschen als Schwestern und Brüder in die Arme genommen,
die von anderen ausgestoßen waren.
Du willst Bruder aller Menschen sein.

A Wir danken dir und wollen deine Geschwister sein.

V Jesus, du bist unser Bruder.
Du hast die Menschen in Not nie alleine gelassen.
Du hast sie wahrgenommen und sie der Kraft Gottes anvertraut.
Du willst auch heute den Menschen wie ein großer Bruder beistehen.

A Wir danken dir und wollen deine Geschwister sein.

V Jesus, du bist unser Bruder.
Du warst ganz nahe bei den Menschen und ganz nahe bei Gott.
Du warst mit deinem ganzen Leben wie eine Verbindung zwischen Gott und den Menschen.
Du willst die Menschen Gott näher bringen.

A Wir danken dir und wollen deine Geschwister sein.

*Susanne Herzog*

# In der Mitte der Tisch

## BETRACHTUNG

An jedem Sonntag versammeln wir uns vor dem Altar oder um den Altar herum. Große, Kleine, Alte, Junge – alle gehören zur Gemeinde Jesu. Der Altar ist das wichtigste Zeichen in unserer Kirche. Warum der Altar für uns so wichtig ist, das möchte ich euch erklären.

Ihr alle habt zu Hause einen Tisch zum Essen. Im Esszimmer, im Wohnzimmer, in der Küche, in der Diele oder sonst irgendwo. Wenn ihr von der Schule heimkommt, wenn Vater oder Mutter von der Arbeit oder von einem wichtigen Termin zurückkommen, dann versammelt ihr euch am Tisch. Ihr setzt euch zueinander; ihr erzählt, was los gewesen ist; ihr besprecht, was zu tun ist; ihr esst und trinkt miteinander; vielleicht spielt ihr am Esstisch auch oder macht darauf eure Hausaufgaben. Wahrscheinlich hat in eurer Familie jeder seinen eigenen Platz am Tisch. Und es sind sogar noch Plätze frei für die Gäste, die euch besuchen. Wenn nicht, dann rückt ihr einfach zusammen, damit alle Platz haben. Am Tisch sollen alle Platz haben, die zusammengehören.

Darum haben wir auch in unserer Kirche einen Tisch. Auch an diesem Tisch, dem Altar, sollen alle Platz haben, die zusammen gehören: Erwachsene und Kinder, Jugendliche und Alte, Menschen, die einander fremd sind, und Menschen, die sich schon kennen. Alle, die kommen, haben am Tisch bei Jesus einen Platz. Und jeder, der kommt, soll wissen, ich gehöre dazu. Ich gehöre zu Jesus und zu seiner Gemeinde.

Am Tisch erzählen wir, was wir erlebt haben. Ihr kommt von der Schule heim, setzt euch an den Tisch und dann sprudelt ihr wie ein Brunnen. Alles Schöne und Erfolgreiche muss doch erzählt werden und alles Schwere und Ungerechte muss auf den Tisch kommen. Am Tisch hören wir, was die anderen uns zu sagen haben. Am Tisch geht es manchmal lustig und heiter zu, am Tisch wird oft auch ein ernstes Wort gesprochen. »Setz dich mal, ich muss mit dir reden« – sagen Vater oder Mutter.

Darum haben wir auch in unserer Kirche einen Tisch. Um diesen Tisch herum versammelt hören wir, was Jesus uns sagt.

Manchmal ist das Wort, das er spricht, ganz schön, manchmal ist es auch schwer, manchmal sogar hart. Am Tisch spricht er zu uns, am Tisch hören wir ihm zu, am Tisch sprechen wir zu ihm. Ganz wichtig am Tisch sind gemeinsames Essen und Trinken. Es ist etwas Wunderbares, wenn ihr heimkommt, der Tisch schon gedeckt ist und Essen und Trinken schon vorbereitet sind. Ihr könnt euch gleich hinsetzen und seid versorgt mit allem, was gut und gesund ist.
Auch darum haben wir hier einen Tisch. Am Altar wird uns Brot und manchmal auch Wein gegeben. Vom Brot und Wein sagt Jesus: Das bin ich! So bin ich bei euch. Kommt alle, esst und trinkt und stärkt euch und seid froh an mir und aneinander.
Der Tisch hier in unserer Kirche ist aus Stein. Darin unterscheidet er sich von den Tischen, die wir in unseren Häusern haben. Die meisten Altäre sind aus Stein gemeißelt. Der Altar hier in der Kirche ist schwer und unverrückbar. Niemand von uns könnte ihn einfach wegtragen. Der Tisch hier in der Kirche wird viele Generationen halten. Man kann sich gar nicht vorstellen, dass er einmal kaputt geht oder nicht mehr schön ist. Der Altar hier wird länger da sein, als wir alle leben. Er wird uns überdauern. Die Altäre in unseren Kirchen sind schon lange vor uns da gewesen und sie werden noch lange nach uns da sein. Der Tisch, an dem Jesus mit uns zusammen ist, der wird alles überdauern. Wir gehören zu Jesus, heute und für immer. Wie der Tisch fest steht, so steht seine Zuneigung zu uns ganz fest. Wie dieser Tisch aus Stein für lange Zeit aufgestellt ist, so ist Jesus bei uns, heute, für eine lange Zeit und bis in die Ewigkeit.

GEBET

V Du rufst uns, Herr, an deinen Tisch
und schenkst uns selber ein.
Du bist das Opfer für die Welt,
bezeugt durch Brot und Wein.

V/A Herr, dein Wort ist die Kraft,
die das Neue schafft.

V Wir kommen, Herr,
zu deinem Mahl
aus der Verlorenheit.

Du hast die Tür uns aufgetan
und tust es alle Zeit.

V/A Herr, dein Wort ist die Kraft,
die Versöhnung schafft.

V Wir hören, Herr, auf dein Gebot;
du schickst uns in die Welt.
Dass alle deinen Frieden sehn:
dazu sind wir bestellt.

V/A Herr, dein Wort ist die Kraft,
die den Frieden schafft.

V Du rufst uns, Herr, an deinen Tisch
und rufst uns nicht allein.
Du willst in jedem, der uns braucht,
selbst gegenwärtig sein.

V/A Herr, dein Wort ist die Kraft,
die die Liebe schafft.

(GL 880 Ausgabe Freiburg und Rottenburg-Stuttgart – Text: Johannes Jourdan)

*Anton Seeberger*

# Der Tabernakel

BEGRÜSSUNG

*(Die Kinder versammeln sich möglichst in der Nähe des Tabernakels, der sich oft in einer Seitenkapelle oder an einem eigens dafür bestimmten Ort in der Kirche befindet.)*

In Namen des Vaters und des Sohnes und des Heiligen Geistes. Amen.

EINFÜHRUNG

Liebe Kinder, wir haben uns jetzt an einem ganz besonderen Ort in unserer Kirche versammelt, vor dem sogenannten Tabernakel. Dieses Wort stammt aus dem Lateinischen und heißt übersetzt: Zelt. – Zelte kennt ihr aus dem Urlaub mit eurer Familie oder aus dem Zeltlager in den Sommerferien mit unserer Gemeinde. Es macht Spaß, ab und zu in einem Zelt zu übernachten. Man kann sich dort fast wie in einer Wohnung einrichten. Auch in unserer Kirche gibt es also ein Zelt, nämlich eine »Wohnung« für Jesus Christus. Weil wir glauben, dass er im Zeichen des heiligen Brotes hier bei uns ist, wollen wir ihn jetzt zunächst einmal ehren. Die Kniebeuge, die wir jetzt gemeinsam machen wollen, soll unsere Ehrfurcht und auch unsere Zuneigung zu ihm ausdrücken. Wann immer wir vor dem Tabernakel stehen oder an ihm vorübergehen, wollen wir unsere Knie vor ihm beugen.

*(Die Kinder machen jetzt gemeinsam eine Kniebeuge, eventuell muss sie erst gezeigt und vorgemacht werden.)*

GEBET

Herr Jesus Christus, du bist da, besonders an diesem Ort in unserer Kirche. Im Brot des Lebens, das hier aufbewahrt und verehrt wird, schenkst du uns deine Nähe. Lass uns immer an dich glauben und dir vertrauen, denn wir brauchen dich. Du bleibst bei uns und gehst mit uns auf unserem Lebensweg, du unser Bruder und Herr. Amen.

SCHRIFTLESUNG

Ex 33,7–11a

Wir hören jetzt, wie Gott bei seinem Volk, den Israeliten, auf ihrem Weg durch die Wüste wohnte:

Mose nahm das Zelt und schlug es für sich außerhalb des Lagers auf, in einiger Entfernung vom Lager. Er nannte es Offenbarungszelt. Wenn einer den Herrn aufsuchen wollte, ging er zum Offenbarungszelt vor das Lager hinaus. Wenn Mose zum Zelt hinausging, erhob sich das ganze Volk. Jeder trat vor sein Zelt und sie schauten Mose nach, bis er in das Zelt eintrat. Sobald Mose das Zelt betrat, ließ sich eine Wolkensäule herab und blieb am Zelteingang stehen. Dann redete der Herr mit Mose. Wenn das ganze Volk die Wolkensäule am Zelteingang stehen sah, erhoben sich alle und warfen sich vor ihren Zelten zu Boden. Der Herr und Mose redeten miteinander Auge in Auge, wie Menschen miteinander reden.

DEUTUNG

Unser Tabernakel, unser »Zelt« in der Kirche, erinnert uns an das Zelt, in dem die Israeliten auf ihrem weiten Weg durch die Wüste die Bundeslade mit den Gesetzestafeln, die Zehn Gebote, mitführten. In ihnen war Gott selbst gegenwärtig. Gott »wohnte« in seinem Zelt und Mose konnte mit ihm sprechen. – Auch das »Zelt« in unserer Kirche, der Tabernakel, lädt uns ein, mit Jesus zu sprechen, zu ihm zu beten, weil wir wissen, dass er uns im Zeichen des heiligen Brotes ganz nahe ist. Das »Signal« seiner Gegenwart ist jetzt aber nicht mehr die Wolkensäule, sondern das so genannte »Ewige Licht«, das sich in der Nähe des Tabernakels befindet. Wenn es brennt, wissen wir, dass Jesus im heiligen Brot, also das »Allerheiligste«, da ist. Wenn Kranke in unserer Gemeinde nicht mehr zum Gottesdienst kommen können, wird ihnen das heilige Brot von hier aus gebracht, sodass sie auch Jesus Christus im Brot des Lebens als Stärkung empfangen können.

ANRUFUNGEN

Wir wollen jetzt miteinander Jesus Christus anbeten.

*Anrufungen aus der Jesus-Litanei (GL 765) werden ausgewählt, dazu der Ruf:*

Wohne in unserer Mitte, Herr.

TANZ

*(Sofern die räumlichen Gegebenheiten und die Anzahl der Kinder es erlauben, werden die Kinder zu einem Schreittanz eingeladen, jedes Kind erhält dazu ein Teelicht, das später nach Hause mitgenommen wird.)*

Das Volk Israel hat auf seinem Weg durch die Wüste die Nähe Gottes erfahren in seinem Zelt. Wir wollen nun Jesus Christus bitten, dass er uns begleitet und mit uns geht.

SEGENSBITTE

Der gute Gott, der unter uns sein Zelt aufgeschlagen hat und uns nahe ist in Jesus Christus, segne uns: Der Vater und der Sohn und der Heilige Geist. Amen.

LIED

»Wenn wir jetzt weitergehen« (GL 514)

*Robert Kloker*

# Die Monstranz

## BETRACHTUNG

Wir haben eine Kostbarkeit in unserer Mitte. In meiner Hand halte ich die Monstranz. Das ist ein schwieriges Wort. Das Wort Monstranz kommt aus dem Lateinischen, einer Sprache, die heute nicht mehr gesprochen wird. Das Wort monstrare = zeigen steckt in dem Wort Monstranz. Die Monstranz unserer Kirche ist also ein »Zeigegerät«, ein »Gefäß zum Zeigen«. Sie ist besonders kostbar verziert und wertvoll. Sicherlich wisst ihr schon, wen und was wir in der Monstranz zeigen: das Wertvollste, das wir haben, den Leib Christi. Er ist das Brot des Lebens, der Mittelpunkt unseres Glaubens.

Ich lade euch ein, dass wir uns die Monstranz nun genauer anschauen.

Wie die Sonne strahlt unsere Monstranz. Die Strahlen sind aus Gold und Silber, kostbar verziert mit vielen bunten Steinen. Scheint die Sonne auf unsere Monstranz, so sind wir richtig geblendet. Die Strahlen leuchten. Sie wollen unsere Welt und unser Leben hell machen.

In der Mitte der Monstranz schauen wir auf die Mitte des Lebens, auf Jesus.

Hinter der kleinen runden Glasscheibe hat der Priester das Wertvollste hineingestellt, was wir haben. Jesus – das Brot des Lebens. In diesem Brot ist uns Jesus ganz nahe.

Dieses Brot ist ein sichtbares Zeichen. Jesus ist mitten unter uns! Jesus ist die Mitte der Welt. Er will die Mitte meines Lebens sein.

Er will in unsere Welt und in unser Leben strahlen wie die Sonne, die den Tag hell macht und uns Wärme schenkt. Das kleine Stück Brot, welches wir in der Monstranz sehen, wird uns zur Kostbarkeit.

Vor vielen, vielen Jahren haben Menschen aus unserer Gemeinde gesagt: Für das Kostbarste, was wir haben, wollen wir ein kostbares Gefäß machen lassen, damit es allen gezeigt werden kann. So haben sie die Monstranz von einem Künstler anfertigen lassen. An großen Festtagen, besonders (heute) beim Fronleichnamsfest, schauen wir auf Jesus in der Monstranz.

Das Fronleichnamsfest erinnert uns daran: Jesus ist mit uns und wir sind mit ihm unterwegs in unserem Leben, in dieser Welt, Zum Segen der gesamten Schöpfung wird Jesus in der Monstranz in der Prozession durch unsere Straßen getragen. Wir glauben, dass Jesus Christus wirklich da ist. Wir sind gemeinsam mit ihm unterwegs.

GEBET

Gemeinsam wollen wir Jesus Lob und Dank sagen.
Gemeinsam wollen wir Jesus, der in der Monstranz im Brot des Lebens bei uns ist, ehren.

V/A Hosanna, wir loben dich,
Hosanna, Jesus Christ!
(nach GL 510)

V Jesus, du bist bei uns und wir sind bei dir.
Jesus, wir danken dir.

V/A Hosanna, wir loben dich,
Hosanna, Jesus Christ!

V Jesus, du bist das Brot des Lebens.
Du schenkst uns das tägliche Brot.
Jesus, wir danken dir.

V/A Hosanna, wir loben dich,
Hosanna, Jesus Christ!

V Jesus, ohne dich vermögen wir nichts.
Du sorgst für alle Menschen.
Jesus, wir danken dir.

V/A Hosanna, wir loben dich,
Hosanna, Jesus Christ!

V Jesus, du bist das Licht der Welt.
Du machst unser Leben hell und froh.
Jesus, wir danken dir.

V/A Hosanna, wir loben dich,
Hosanna, Jesus Christ!

V Jesus, in diesem Brot bist du bei uns alle Tage unseres Lebens.
Beschütze und begleite alle Menschen mit deinem Segen.
Jesus, wir bitten dich.

V/A Hosanna, wir loben dich,
Hosanna, Jesus Christ!

V Jesus, wir sind deine Gäste.
Du schenkst dich uns im Brot des Lebens.
Schenke allen Menschen das, was sie zum Leben brauchen.
Jesus, wir bitten dich.

V/A Hosanna, wir loben dich,
Hosanna, Jesus Christ!

V Jesus, in deiner Liebe denkst du an uns.
Behüte alle Menschen vor jeder Gefahr.
Jesus, wir bitten dich.

V/A Hosanna, wir loben dich,
Hosanna, Jesus Christ!

V Jesus, du bist mitten unter uns.
Du hast uns lieb. Du segnest uns.
Jesus, dich loben wir.

V/A Hosanna, wir loben dich,
Hosanna, Jesus Christ!

*Burkhard Keck*

# GEBETE

Christus sei mir zur Rechten,
Christus mir zur Linken.
Er die Kraft.
Er der Friede.

Christus sei, wo ich liege.
Christus sei, wo ich sitze.
Christus sei, wo ich stehe.
Christus in der Tiefe,
Christus in der Höhe,
Christus in der Weite.

Christus sei im Herzen eines jeden,
der meiner gedenkt.
Christus sei im Munde eines jeden,
der von mir spricht.
Christus sei in jedem Auge,
das mich sieht,
Christus in jedem Ohr,
das mich hört.
Er mein Herr.
Er mein Erlöser.

(Patrick von Irland)

Gott ist gegenwärtig.
Lasset uns anbeten
und in Ehrfurcht vor ihn treten.
Gott ist in der Mitte.
Alles in uns schweige
und sich innigst vor ihm beuge.
Wer ihn kennt,
wer ihn nennt,
schlag die Augen nieder;
kommt, ergebt euch wieder.

(Gerhard Tersteegen)

Christus, göttlicher Herr,
dich liebt, wer nur Kraft hat zu lieben:
unbewusst, wer dich nicht kennt;
sehnsuchtsvoll, wer um dich weiß.

Christus, du bist meine Hoffnung,
mein Friede, mein Glück, all mein Leben:
Christus, dir neigt sich mein Geist;
Christus, dich bete ich an.

Christus, an dir halt' ich fest
mit der ganzen Kraft meiner Seele:
dich, Herr, lieb' ich allein –
suche dich, folge dir nach.

(Stundenbuch: Hymnus am Herz-Jesu-Fest)

20.X.04 Ma

Jesus, Sohn Davids,
erbarme dich meiner.
Erleuchte du meine Augen,
dass ich den Weg zu dir finde.
Mach du meine Schritte fest,
dass ich vom Weg nicht abirre.
Öffne du meinen Mund,
dass ich von dir spreche.
Du willst, dass ich meine Mitmenschen liebe.
Lass mich ihnen so dienen,
dass sie ihr Heil finden
und in deine Herrlichkeit gelangen.

(Alkuin)

Herr, sprich dein ewiges Wort in mich
und lass es mich hören!
Herr, strahle dein Licht in mich
und lass es mich schauen!
Herr, drücke dein Bild in mich
und lass es mich bewahren!
Herr, wirke dein Werk in mir
und lass es mich stets von neuem empfangen!

(Kloster Rheinau, 14. Jahrhundert)

Komm, Erwartung der Völker, Herr Jesus,
und erfreue uns durch deine göttliche Gegenwart!
Wir bedürfen des Rates, der Hilfe, des Schutzes.
Meinen wir auch aus uns selbst das Gute und Böse zu
unterscheiden,
fallen wir allzu leicht in Täuschung,
lassen uns unvermerkt beschmeicheln.
Wollen wir Gutes tun, fehlt uns die Kraft und Zuversicht.
Mühen wir uns, dem Bösen zu widerstehen,
machen wir allzuoft die traurige Erfahrung,
dass wir schwach sind,
und zuletzt unterliegen wir.
So komm denn und heile unsere Blindheit,
komm zu Hilfe unserem schwachen,
unzulänglichen Menschenwesen.
Komm, du Glanz der göttlichen Herrlichkeit!
Komm, Gottes Kraft und Gottes Weisheit;
wandle unsere Nacht zum Tag,
schütze uns vor Gefahr,
erleuchte die Blindheit,
stärke den Mut in uns,
führe uns treu an deiner Hand und
leite uns deinem Willen gemäß
auf dieser irdischen Pilgerschaft,
bis du zuletzt uns aufnimmst in die ewige Stadt,
die du selbst gegründet und aufgebaut hast.

(Bernhard von Clairvaux)

Jubelnder Freude Lied
töne am heil'gen Tag.
Festlicher Lobgesang
steige aus jedem Herz.
Altes sei abgetan,
alles sei heute neu:
Wort und Tat und das ganze Herz.

Denn wir begehn das Mahl,
wie es der Herr gebot,
da er als Lamm sich gab,
Opfer zu unserm Heil.
Was nur im Bild geahnt,
macht er nun sterbend wahr,
schenkt sich selber den Seinen ganz.

Siehe, er reicht im Brot
Schwachen das eigne Fleisch,
gibt den Verzagten Kraft,
labt sie mit seinem Blut.
So gibt er selbst sich hin,
da er zu ihnen sagt:
»Trinket alle aus diesem Kelch.«

Heiland und Herr der Welt,
höre auf unser Flehn:
Bleibe nicht fern von uns,
sei uns im Brote nah,
führ uns auf deinem Weg
hin zu der Hoffnung Ziel,
wo uns selig dein Licht umfängt. Amen.

(Stundenbuch: Hymnus an Fronleichnam)

Das Wort des Vaters, Gottes Sohn,
tritt ein in unsre Erdenzeit;
da seine Leidensstunde naht,
krönt er sein Werk im Opfertod.

Bevor an seiner Feinde Schar
der eigne Jünger ihn verriet,
reicht er beim letzten Abendmahl
den Seinen sich als Speise dar.

Geheimnisvoll in Brot und Wein
gibt er sich hin mit Fleisch und Blut
und stärkt durch seiner Gottheit Kraft
den ganzen Menschen, Leib und Geist.

Als Mensch will er uns Bruder sein,
im Mahle wird er unser Brot,
im Tode unser Opferlamm,
im Himmel unser Siegespreis.

Lamm Gottes, das der ganzen Welt
das Tor zum Leben aufgetan:
da uns des Bösen Macht bedrängt,
gib Mut zum Leiden, Kraft zum Sieg.

Dreieinig hoher Herr und Gott,
nimm unser Lob, nimm unsren Dank:
lass schauen uns in deinem Reich
des ew'gen Sohnes Herrlichkeit. Amen.

(Stundenbuch: Hymnus an Fronleichnam)

Geheimnis seiner Herrlichkeit
versenkt sich ein
in Brot und Wein.
Das höchste Gut
hat Leib und Blut
für unser Heil dem Tod geweiht.
Kommt, lasset uns anbeten.

Geheimnis seiner Gegenwart,
seit jener Nacht
uns übermacht,
da er sich bot
als Wein und Brot
und sich als Gott uns offenbart.
Kommt, lasset uns anbeten.

Geheimnis der Dreifaltigkeit,
das einverleibt
in uns verbleibt
und Leben heißt
und Glut und Geist
und Auferstehung uns verleiht.
Kommt, lasset uns anbeten.

(Stundenbuch: Hymnus an Fronleichnam)

Seele Christi, heilige mich.
Leib Christi, rette mich.
Blut Christi, tränke mich.
Wasser der Seite Christi, wasche mich.
Leiden Christi, stärke mich.
O guter Jesus, erhöre mich.
Birg in deinen Wunden mich.
Von dir lass nimmer scheiden mich.
Vor dem bösen Feind beschütze mich.
In meiner Todesstunde rufe mich,
zu dir zu kommen heiße mich,
mit deinen Heiligen zu loben dich
in deinem Reiche ewiglich. Amen.

Nimm hin, o Herr, meine ganze Freiheit.
Nimm mein Gedächtnis,
meinen Verstand,
meinen ganzen Willen.
Was ich habe und besitze,
hast du mir geschenkt.
Ich stelle es dir wieder ganz und gar zurück
und übergebe alles dir,
dass du es lenkest nach deinem Willen.
Nur deine Liebe schenke mir
mit deiner Gnade
und ich bin reich genug
und suche nichts weiter.

(Ignatius von Loyola)

Liebe, die du mich zum Bilde
deiner Gottheit hast gemacht;
Liebe, die du mich so milde
nach dem Fall hast wiederbracht:
Liebe, dir ergeb ich mich,
dein zu bleiben ewiglich.

Liebe, die du mich erkoren,
eh als ich erschaffen war,
Liebe, die du Mensch geboren
und mir gleich wardst ganz und gar:
Liebe, dir ergeb ich mich,
dein zu bleiben ewiglich.

Liebe, die für mich gelitten
und gestorben in der Zeit,
Liebe, die mir hat erstritten
ewge Lust und Seligkeit:
Liebe, dir ergeb ich mich,
dein zu bleiben ewiglich.

Liebe, die mich hat gebunden
an ihr Joch mit Leib und Sinn;
Liebe, die mich überwunden

und mein Herz hat ganz dahin:
Liebe, dir ergeb ich mich,
dein zu bleiben ewiglich.

Liebe, die mich wird erwecken
aus dem Grab der Sterblichkeit;
Liebe, die mich wird umstecken
mit dem Laub der Herrlichkeit:
Liebe, dir ergeb ich mich,
dein zu bleiben ewiglich. Amen.

(Angelus Silesius)

Immerfort empfange ich mich
aus deiner Hand.
Das ist meine Wahrheit
und meine Freude.

Immerfort blickt mich
voll Liebe dein Auge an
und ich lebe aus deinem Blick,
du mein Schöpfer und mein Heil.

Lehre mich,
in der Stille deiner Gegenwart
das Geheimnis zu verstehen,
dass ich bin.
Und dass ich bin durch dich
und vor dir
und für dich.

(Romano Guardini)

Du senkst voll Liebe
deinen Blick in meinen
und neigst dein Ohr
zu meinen leisen Worten
und füllst mit Frieden
tief das Herz.

Dein Leib durchdringt
geheimnisvoll den meinen
und deine Seele eint sich mit
der meinen:
Ich bin nicht mehr,
was einst ich war.

Doch deine Liebe findet
kein Genügen in diesem
Austausch, der noch Tren-
nung lässt. Dein Herz ver-
langt nach mehr.

Du kommst und gehst,
doch bleibt zurück die Saat,
die du gesät
zukünftiger Herrlichkeit,
verborgen in dem Leib
von Staub.

(Teresia Benedicta a Cruce – Edith Stein)

Lass mich die kleinsten Schritte machen,
o Herr, die Größe ist bei dir,
je kleiner meine Schritte werden,
um desto näher bist du mir.

Du willst nicht, dass der Mensch sich rühme,
da er des Ruhmes wenig hat,
wenn du nicht seine Kraft und Größe
verliert er sich auf einem Pfad

auf dem du, Herr, das Ziel und Ende,
der Anfang und die Mitte bist.

Lass mich mit dir in Kleinheit wandern,
der du die Größe selber bist.

(Josef Weiger)

O Herr, komm, gehe ein in mein Herz, Gekreuzigter, Gestorbener, Liebender, Getreuer, Wahrhaftiger, Geduldiger, Demütiger, der du ein langes mühsames Leben angenommen hast in einem Winkel der Welt, verkannt von den Deinen, wenig geliebt von den Freunden, verraten von ihnen, untertan dem Gesetz, ausgeliefert der Politik schon von Anfang an, Flüchtlingskind, Zimmermannssohn, Prediger, der Vergeblichkeit erntete, Mensch, der liebte und keine Gegenliebe fand, Hoher, den die Umgebung nicht begriff, du Verlassener, in die Gottverlassenheit Fallender, alles Opfernder, dich in die Hände deines Vaters Empfehlender, der du riefst: »Vater, mein Gott, warum hast du mich verlassen?« Dich will ich empfangen, so wie du bist, dich zum innersten Gesetz meines Lebens machen, dich zur Last und zur Kraft meines Lebens. Wenn ich dich empfange, nehme ich meinen Alltag, so wie er ist. Ich brauche dir keine hohen Empfindungen meines Herzens zu erzählen, ich kann vor dir meinen Alltag ausbreiten, so wie er ist, denn ich empfange ihn von dir selber, den Alltag und sein inneres Licht, den Alltag und seinen Sinn, den Alltag und die Kraft, ihn auszuhalten, die Gewöhnlichkeit, die zur Verborgenheit deines ewigen Lebens wird.

(Karl Rahner)

Du, Brot
Du bist unsere Mitte
Du, Brot
nach Dir schreien wir
Du, Brot
von Dir leben wir
Du, Brot
Dich beten wir an
Du, Brot
in Dir finden wir uns
Du, Brot
durch Dich können wir Freunde werden
Du, Brot
in Dir ist unsere Freude
Du, Brot
in Dir erkennen wir unseren Lebenssinn
Du, Brot

(Anton Rotzetter)

## Monstranz

Goldgefäß der Gnade,
neue Bundeslade
vor uns hingestellt.

Brot in Sonnenscheibe
Gottes Leib und Bleibe
mitten in der Welt:

Dich anschaun löst Binden
vom Gesicht der Blinden,
dich anschaun macht gut.

Lasst uns niedersinken
und anbetend trinken
Glauben, Hoffnung, Glut.

(Silja Walter)

Du schaust mich
an.
Ich schau dich
an
und ruf zu dir, so laut
ich kann:
Nimm alles, was mich trennt
von dir,
mein Herr und mein Gott.

Ich hör auf
dich.
Du hörst auf
mich.
Ich sag zu dir herz-
inniglich:
Gib alles, was mich führt
zu dir,
mein Herr und mein Gott.

Du sprichst mir
zu.
Ich sprech dir
zu.
Dein Ich, mein Ich wird
eins im Du.
So nimm mich mir und gib
mich dir,
mein Herr und mein Gott.

Amen.

(Silja Walter)

Das Brot, aus der Erde gewonnen,
das Brot, von Händen gemacht,
das Brot schmeckt nach Menschen und Tränen,
das Brot einer schlaflosen Nacht.

Das Brot des Kriegs und des Friedens,
das täglich gleiche Brot,
das fremde Brot einer Liebe,
das steinerne Brot im Tod,

das Brot, das wir teuer verdienen,
das Geld, unser Leib und Genuß,
das Brot des Zusammenlebens,
der ärmliche Überfluss,

das Brot, das wir essen müssen,
das Brot, das dem Leben dient,
wir teilen es miteinander,
solange wir Menschen sind.

Du teilst es mit uns, und so teilst du
dich selber für alle Zeit,
ein Gott von Fleisch und von Blut du,
ein Mensch, dem wir ewig geweiht.

(Huub Oosterhuis)

Jesus, im heiligsten Sakrament,
du lädst mich ein:
Komm! Ruh dich aus.
Entspanne dich.
Lass dich los!
Lass deine Sorgen los,
deine Ängste los,
deine Pläne los,
lass dich selber los.
Bei mir musst du nichts leisten,
nur da sein und still sein und schweigen. –
Dann wirst du hören,
die Stille hören,

die Stimme der Stille – mich:
Ich liebe dich.
Ich umfange dich.
Ich berge dich.
Ich halte dich
fest in meiner Hand.
Mein bist du!
Jesus, nur eines sage ich:
Ich bete dich an.

(Theo Schmidkonz)

Christus,
im Brot bei mir,
du erfüllst mich ganz,
du bist mir Nahrung,
lebensnotwendige Speise,
Kraft und Stärke,
Leben für mich.

Christus,
im Brot bei mir,
Geschenk Gottes,
Licht der Welt,
Quelle des Lebens,
Weg zum Vater,
Leben für mich.

Christus,
im Brot bei mir,
Gemeinschaft und Freude,
Hoffnung und Zuversicht,
Verbindung mit Gott,
Verbindung mit den Menschen,
Leben für mich.

(W. Brixner/O. Hellmich-Brixner)

Die
6.4.04 VIII 02 6.IX.02
Ma und Died.

Du schaust mich an
und weißt alles.
Wie ich wurde,
der ich bin:
Du überschaust es.
Was ich verdränge
und nicht wahrhaben will,
vor dir liegt es offen da.
Was ich ängstlich verberge
vor anderen Menschen:
Du nimmst es wahr.
Du kennst das Bild,
das ich mir
von mir selber mache.

Das Unbewältigte,
das Unverheilte:
Du erschaust es.
Meine Schwachstellen,
meine Verborgenheiten
sind dir nicht verborgen;
du weißt, wo ich
der Wandlung bedarf.

O Herr, wie gut ist es,
dass ich nicht allein bin mit mir.
Wie gut, ganz und gar erkannt,
ganz und gar bejaht zu sein.

(Sabine Naegeli)

Die 6.II.04 Ma 20.X.04

Jesus Christus, guter Herr: Du bist bei uns, immer und überall. In diesem unscheinbaren, demütigen Sakrament offenbarst du uns deine unbegreifliche Liebe, schenkst du dich selbst. Lass uns das Geheimnis deines Leibes und Blutes so verehren, dass wir erfüllt werden mit deinem Geist und Anteil empfangen an deinem Leben, deinem Sterben und deiner Verherrlichung.

Retter der Welt: Du bist Mensch geworden und gabst allen, die dich aufnehmen, Macht, Kinder Gottes zu werden. – Mach zunichte die todbringende Selbstherrlichkeit der Welt und lass jeden Menschen erfahren, dass du allein den Hunger nach Wahrheit und Leben stillst.
Retter der Welt: Du hast die Deinen am letzten Abend um dich versammelt zum Mahl des Neuen Bundes. – Heile alle Zerrissenheit in deiner Kirche: in den Familien, in den Gemeinden, in der ganzen Welt, und schenke uns in diesem Sakrament der Einheit Frieden und Freude.
Retter der Welt: Du gabst deinen Aposteln die Vollmacht, dieses Opfermahl mit denen, die durch ihr Wort an dich glauben, allüberall zu feiern zu deinem Gedächtnis. – Bleibe bei uns in jeder Not und sende deinen Gemeinden Priester, dass sie sie allezeit stärken mit dem Brot deines Wortes und Leibes.

Lamm Gottes: Der Vater hat die Sünde der Welt auf dich geladen, du hast sie hinweggenommen in den Tod am Kreuz und in die Gottverlassenheit. – Führe alle Glieder der Kirche zur Umkehr, nimm von uns unsere Schuld, gib, dass wir durch dich leben.
Lamm Gottes: Der Vater hat durch dich die Welt mit sich versöhnt und den neuen, ewigen Bund geschlossen. – Übertrage auch in unserer Zeit Menschen deinen Dienst der Versöhnung, damit wir mit Gott und untereinander ausgesöhnt an deinen Altar treten.
Lamm Gottes: Der Vater hat dich an den letzten Platz gestellt, du hast die Knechtschaft der Sünde und des Todes zerbrochen und den Weg geöffnet zur Freiheit der Kinder Gottes. – Berufe Männer und Frauen, in der Kraft dieses österlichen Sakramentes teilzunehmen an deinem Leiden zugunsten der Kirche, zur Rettung der Welt.

Hirt der Menschen: Du lebst in der Herrlichkeit des Vaters und willst, dass wir das Leben haben in Fülle. – Sammle Menschen

von überallher zu deinem Volk und wandle sie durch diese heilige Speise um in deinen geheimnisvollen Leib.
Hirt der Menschen: Du gibst den Aposteln den Auftrag, die Deinen in das Land der Verheißung zu führen. – Stärke und leite in dieser Zeit der Bedrängnis deine Hirten: den Papst, die Bischöfe und die Priester, damit wir alle heimfinden zum ewigen Hochzeitsmahl.
Hirt der Menschen: Du kennst die Deinen und die Deinen kennen dich. – Nimm uns ganz zu eigen, wenn wir dich empfangen, und gib einem jeden zu erkennen, auf welchem Weg er dir nachfolgen, welche Menschen er zu dir bringen soll.

Denn du, Herr, bist unser Weg und Leben. Durch dich preisen wir den Vater, mit dem du in der Einheit des Heiligen Geistes lebst und herrschst – jetzt und in alle Ewigkeit. Amen.

(Du bist bei uns alle Tage. Jesus-Gebete für junge Christen)

Dein Antlitz, Herr, leuchtet mir zu, auch wenn ich dich nicht sehe. Deine Liebe bejaht mich, obwohl ich oft lau bin und verschlossen. Wende mich zu dir. Lehre mich dich preisen und bitten – in der Gemeinschaft mit allen, die deinen Namen anrufen.

Jesus Christus, Herz der Welt: alles hat in dir seinen Ursprung, zu dir hin strebt alles. Was entzweit war, hast du versöhnt, und das Verlorene bringst du heim. – Mache uns, deine Kirche, zum Zeichen der Einheit und zum Werkzeug deines Friedens.

Jesus, Licht unserer Finsternis: Vom Vater gesandt, hast du seine reuelose Liebe bezeugt mit deinem Wort und Leben. Dein Evangelium erhellt die Ausweglosigkeit, dein Licht gibt allem neuen Sinn. – Sende uns Menschen, deren Amt es ist, deine Botschaft heute weiterzutragen.

Jesus, Glut der Liebe: Aus heiliger Leidenschaft hast du im Leben und Tod dich verzehrt, Gott zu dienen. Dein Opfer befreit aus der Macht des Bösen, deine Liebe öffnet zur Hingabe. – Berufe heute Menschen, das Gedächtnis deines Todes mit der Gemeinde zu feiern und das Opfer des Lobes darzubringen durch den Dienst des Gebetes.

Jesus, unser Bruder: In dir ist die Güte und Menschenfreundlichkeit Gottes erschienen. Deine Nähe heilt jede Verlassenheit, dein Erbarmen überwindet die Not. – Gib uns heute Menschen, die bereit sind, dir in den Schwestern und Brüdern zu dienen.

Jesus, arm geworden für uns: Deiner göttlichen Herrlichkeit hast du dich entäußert und ein Leben der Armut auf dich genommen, von der Geburt an bis zur Gottverlassenheit im Sterben. Durch deine Armut haben wir Anteil empfangen am Reichtum Gottes. – Erwecke heute Christen, die alles verlassen, um dir nachzufolgen.

Jesus, allen zugewendet: Deine Liebe hat ganz Gott gehört und allen Menschen. In deinem Blut, vergossen für alle, ist der neue und ewige Bund begründet. – Erwecke heute Christen, die in deiner Nachfolge ehelos leben um des Himmelreiches willen.

Jesus, ganz verfügbar für Gott: Den Willen des Vaters zu tun, war deine Speise; du bist gehorsam geworden bis zum Tod am Kreuz. Durch deinen Gehorsam haben wir Zugang erhalten zur Freiheit der Kinder Gottes. – Erwecke heute Christen, die uns vorangehen, in deiner Nachfolge zuerst die Herrschaft Gottes zu suchen.

Dir, Herr, sei Ehre und Dank für jeden Erweis deiner Liebe. Dir danken wir für die Menschen, die du deiner Kirche gibst als Mitarbeiter Gottes und Diener des Neuen Bundes. Dein Heiliger Geist treibe mich an, dir zu folgen, wohin immer du mich führen willst. Amen.

Ewiger Vater,
du willst, dass alle Menschen zum Heil gelangen.
Groß ist deine Barmherzigkeit
und dein Sohn, Jesus Christus, ist für alle gestorben.
Darum gib, dass alle dich erkennen und lieben.
Im Glauben an Christi Tod und
seine Auferstehung bitten wir dich:
Herr, sende Arbeiter in deine Ernte und
erbarme dich deines Volkes.

Ewiges Wort,
du bist Mensch geworden und hast alle erlöst.
Bekehre alle Herzen zu dir.
Für alle bist du gehorsam geworden
bis zum Kreuz.
Blicke auf die Verdienste deiner heiligen Mutter und
aller Engel und Heiligen;
sie bitten dich mit uns:
Herr, sende Arbeiter in deine Ernte
und erbarme dich deines Volkes.

Heiliger Geist,
um der unendlichen Verdienste
unseres Herrn Jesus Christus willen
entzünde in allen Herzen
deine brennende Liebe, die alles vermag.
Sie bewirke, dass die Menschheit
eine Herde unter einem Hirten werde
und alle einst im Himmel
dein göttliches Erbarmen besingen.

(Vinzenz Pallotti)

13. X. 04 Mo 5. XI. 04 Die

Guter Vater,
in Christus, deinem Sohn,
offenbarst du uns deine Liebe,
umarmst du uns als deine Kinder
und schenkst du uns die Möglichkeit,
in deinem Willen die Züge
unseres wahren Antlitzes zu entdecken.

Heiliger Vater,
du rufst uns dazu auf, heilig zu sein,
wie du heilig bist.
Wir bitten dich, lass es deiner Kirche
nie an heiligen Dienern und Aposteln
fehlen, die durch das Wort und
die Sakramente
den Weg zur Begegnung mit dir eröffnen.

Barmherziger Vater,
schenke der verirrten Menschheit
Männer und Frauen, die
mit dem Zeugnis eines
nach dem Bild deines Sohnes
umgestalteten Lebens
freudig mit den übrigen Brüdern
und Schwestern
dem himmlischen Vaterland zugehen.

Unser Vater,
mit der Stimme deines Heiligen Geistes
und im Vertrauen
auf die mütterliche Fürbitte Mariens
rufen wir inständig zu dir:
Sende deiner Kirche Priester,
die mutige Zeugen
deiner unendlichen Güte sind.
Amen.

(Papst Johannes Paul II.)

Gott, unser Vater,
von dir kommt alles Wachstum. Wir freuen uns an deiner schöpferischen Liebe, die Leben in Vielfalt ermöglicht. Wir danken dir für das Wachstum des Glaubens und für die Gaben, die du im Heiligen Geist schenkst. Du rufst dein Volk zusammen. Du erweckst Frauen und Männer, die dem Aufbau der Kirche dienen. Wir vertrauen darauf, dass du auch heute die Berufungen schenkst, die wir brauchen. Auf dein Wort hin dürfen wir in unseren Gemeinden mitwirken, den Boden dafür zu bereiten.

Durch Jesus Christus bitten wir:
Um ein Klima der Wertschätzung der verschiedenen Berufungen in der Kirche.
Um den frischen Wind des Heiligen Geistes in Zusammenkünften, Gruppen und Gottesdiensten.
Um Phantasie und Mut, wenn es gilt, neue Wege zu gehen in der Weitergabe des Glaubens.
Um Aufmerksamkeit und Ehrfurcht, wenn sich bei jungen Menschen eine Berufung zum Priestertum, zum Ordensleben oder zu einem anderen Dienst in der Kirche zeigt.
Um Einsicht und Bereitschaft, beharrlich für das Wachstum der geistlichen Berufe zu beten.
Um Worte und Orte, die Menschen einladen, den Ruf Gottes in ihrem Herzen zu hören und darauf Antwort zu geben.

Gott, du lässt wachsen.
Hilf uns, den Boden unserer Gemeinde so zu bereiten, dass sich die Berufungen entfalten können, die du schenkst.
So bitten wir dich, Vater, in der Gemeinschaft des Heiligen Geistes durch Christus, unseren Herrn. Amen.

(Jahresgebet »Berufe der Kirche« 1999)

## LITANEIEN

# Litanei vom Heiligsten Sakrament

Gotteslob Nr. 767

Gott Sohn, Erlöser der Welt
Gott Heiliger Geist
Heiliger dreifaltiger Gott

V Christus, du Brot des Lebens.
A Erbarme dich unser.

Du Gott und Mensch
Du Verborgener
Du in unsrer Mitte
Du Osterlamm
Du Opfer für die Welt
Du Quelle der Gnade
Du unsere Nahrung
Du unsere Freude
Du Heil der Kranken
Du Trost der Trauernden
Du Kraft der Sterbenden
Du unsere Hoffnung
Du Brot vom Himmel

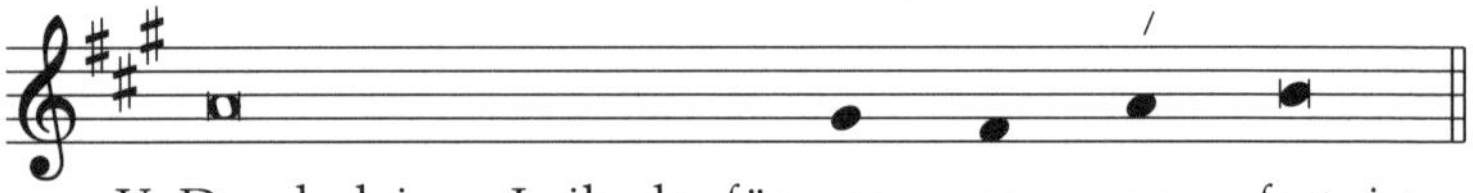

V Durch deinen Leib, der für uns ge - op - fert ist,

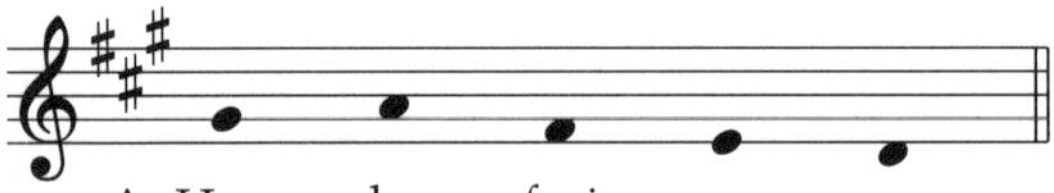

A Herr, be - frei - e uns.

Durch dein Blut, das für uns vergossen ist
Durch dieses Zeichen deiner Liebe
Durch dieses Zeichen deiner Treue
Durch deine Auferstehung und Himmelfahrt
Durch deine Gegenwart
Bei deiner Wiederkunft

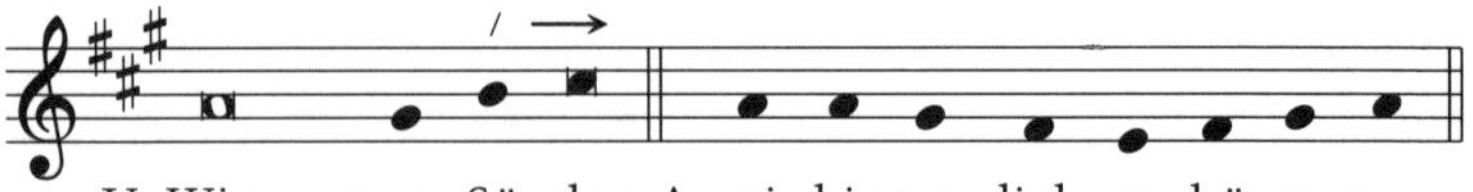

V Wir ar - men Sünder, A wir bit-ten dich, er - hö - re uns.

Dass wir stark werden im Glauben
Dass wir deinen Tod verkünden
Dass wir deine Auferstehung preisen
Dass wir nach deinem Mahl verlangen
Dass wir an deinem Tisch vereint sind
Dass keiner von uns dich verraten wird
Dass wir deinen Weg erkennen
Dass wir den Weg gehen in der Kraft deiner Speise
Führe uns zum Hochzeitsmahl des ewigen Lebens.

V Lamm Gottes, du nimmst hinweg die Sünde der Welt.
A Herr, erhöre uns.
V Lamm Gottes, du nimmst hinweg die Sünde der Welt.
A Herr, erbarme dich.

Lasset uns beten. – Herr, unser Gott, in diesem wunderbaren Sakrament feiern wir das Leiden und die Auferstehung deines Sohnes. Lass uns seinen heiligen Leib und sein heiliges Blut so empfangen und verehren, dass uns die Frucht der Erlösung zuteil wird durch Christus, unseren Herrn.

A Amen.

# Herz-Jesu-Litanei

Gotteslob Nr. 768

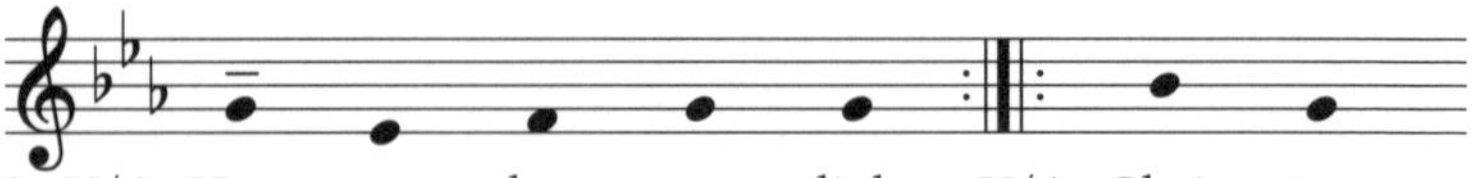

I V/A Herr, er - bar - me dich. V/A Chri - stus,

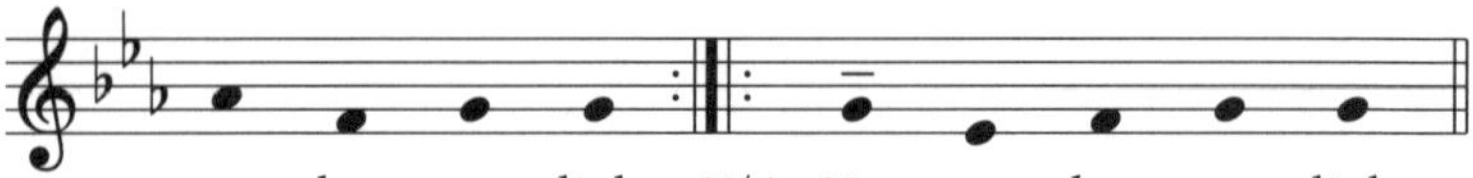

er - bar - me dich. V/A Herr, er - bar - me dich.

II V Christus, hö - re uns. A Christus, er - hö - re uns.

III V Gott Vater im Himmel, A er - bar - me dich un - ser.

Gott Sohn, Erlöser der Welt
Gott Heiliger Geist
Heiliger dreifaltiger Gott

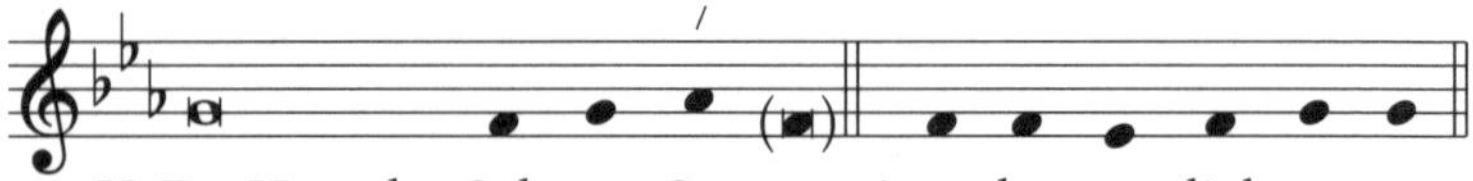

V Du Herz des Soh-nes Got-tes, A er-bar-me dich un-ser.

Herz Jesu, im Schoß der Jungfrau Maria vom Heiligen Geist gebildet
Herz Jesu, mit dem Worte Gottes wesenhaft vereinigt
Herz Jesu, unendlich erhaben
Herz Jesu, du heiliger Tempel Gottes
Herz Jesu, du Zelt des Allerhöchsten
Herz Jesu, du Haus Gottes und Pforte des Himmels
Herz Jesu, du Feuerherd der Liebe
Herz Jesu, du Wohnstatt der Gerechtigkeit und Liebe

Du Herz voll Güte und Liebe
Herz Jesu, du Abgrund aller Tugenden
Herz Jesu, würdig allen Lobes
Herz Jesu, du König und Mitte aller Herzen
Herz Jesu, in dem alle Schätze der Weisheit und Erkenntnis sind
Herz Jesu, in dem die ganze Fülle der Gottheit wohnt
Herz Jesu, das dem Vater wohlgefällt
Herz Jesu, aus dessen Gnade wir alle empfangen
Herz Jesu, du Sehnsucht der Schöpfung von Anbeginn

Du Herz, geduldig und voll Erbarmen
Herz Jesu, reich für alle, die dich anrufen
Herz Jesu, du Quell des Lebens und der Heiligkeit
Herz Jesu, du Sühne für unsere Sünden
Herz Jesu, mit Schmach gesättigt
Herz Jesu, wegen unsrer Missetaten zerschlagen
Herz Jesu, bis zum Tode gehorsam

Du Herz, durchbohrt von der Lanze
Herz Jesu, du Quelle allen Trostes
Herz Jesu, unsere Auferstehung und unser Leben
Herz Jesu, unser Friede und unsere Versöhnung,
Herz Jesu, du Opferlamm für die Sünder
Herz Jesu, du Rettung aller, die auf dich hoffen
Herz Jesu, du Hoffnung aller, die in dir sterben
Herz Jesu, du Freude aller Heiligen

V Lamm Gottes, du nimmst hinweg die Sünde der Welt.
A Herr, erhöre uns.
V Lamm Gottes, du nimmst hinweg die Sünde der Welt.
A Herr, erbarme dich.

V Jesus, gütig und selbstlos von Herzen.
A Bilde unser Herz nach deinem Herzen.

Lasset uns beten. – Gütiger Gott, aus dem geöffneten Herzen deines Sohnes kommt die Fülle des Erbarmens. Hilf uns, dass wir seine Liebe nicht ohne Antwort lassen. Darum bitten wir durch ihn, Christus, unseren Herrn.

A Amen.

# Jesus-Litanei

Gotteslob Nr. 765

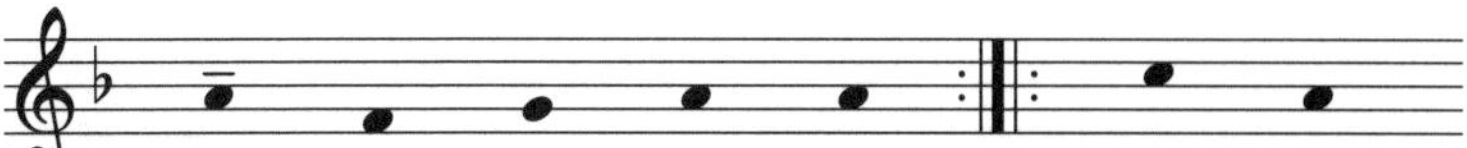

I V/A Herr, er - bar - me dich. V/A Chri - stus,

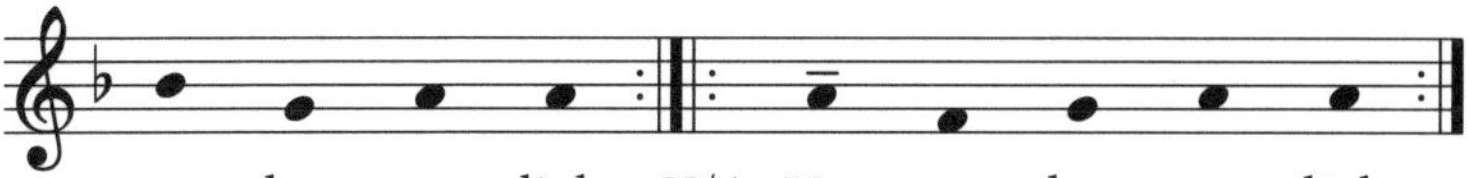

er - bar - me dich. V/A Herr, er - bar - me dich.

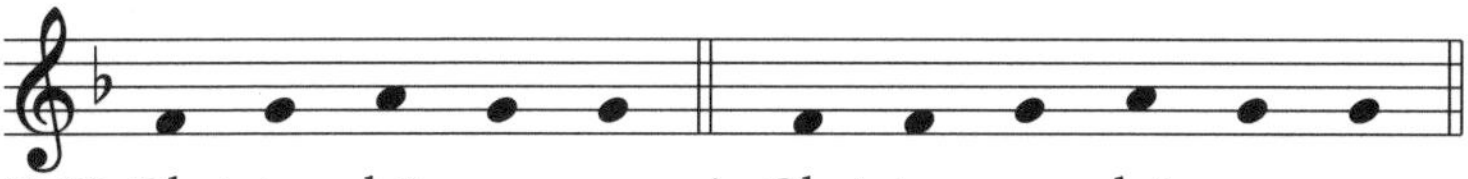

II V Christus, hö - re uns. A Christus, er - hö - re uns.

III V Gott Vater im Himmel, A er - bar - me dich un - ser.

Gott Sohn, Erlöser der Welt
Gott Heiliger Geist
Heiliger dreifaltiger Gott

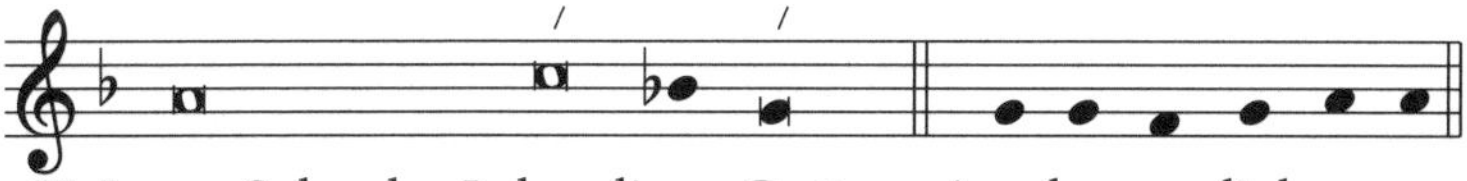

V Jesus, Sohn des Lebendigen Gottes, A erbarme dich unser.

Jesus, Bild des Vaters
Jesus, Sohn der Jungfrau Maria
Jesus, Strahl des ewigen Lichtes
Jesus, Gott und Mensch

Jesus, Verkünder des Reiches Gottes
Jesus, Fürst des Friedens
Jesus, ewige Weisheit
Jesus, lebendiges Wort
Jesus, Hoherpriester

Jesus, Menschensohn
Jesus, gerechter Richter
Jesus, Vater der Zukunft
Jesus, unser König

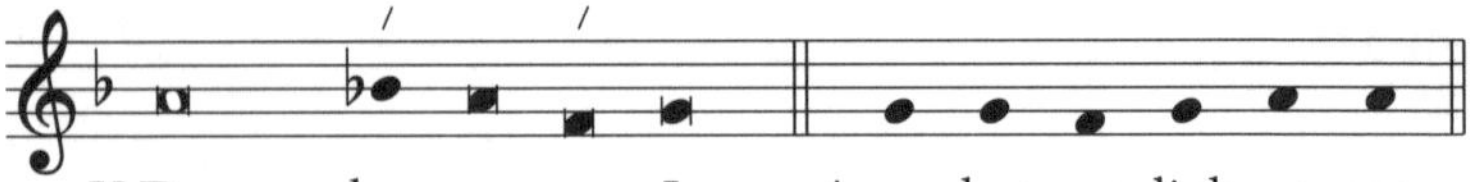


Du geduldiger Jesus
Du eifernder Jesus
Du mutiger Jesus
Du liebender Jesus

Jesus, unser Herr
Unser Heiland
Unser Erlöser

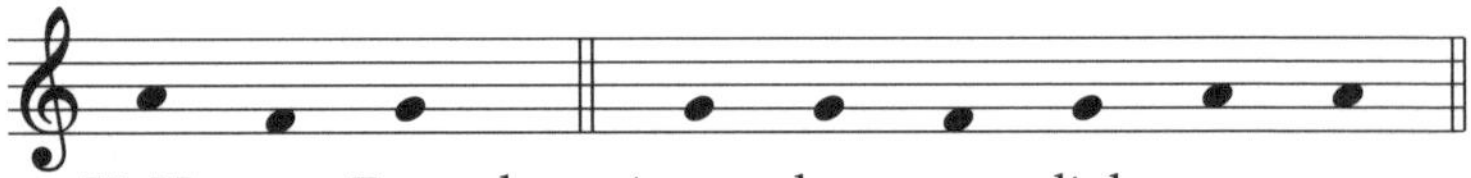


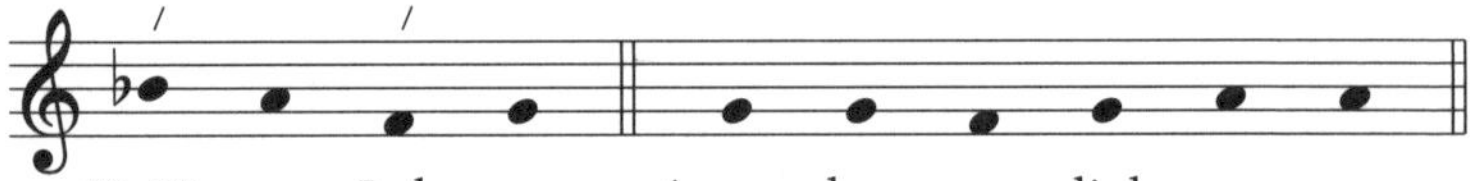


Unser Vorbild

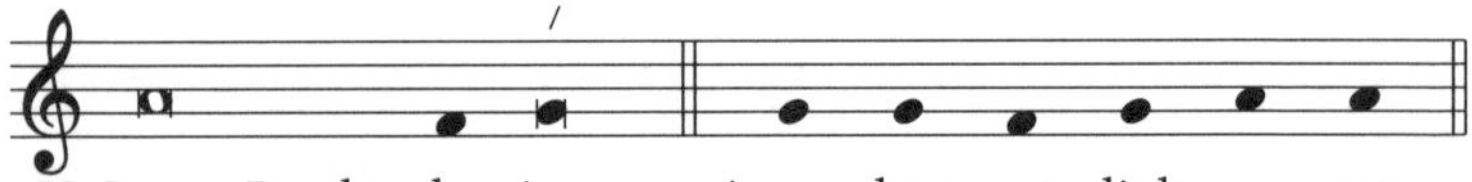


Jesus, Freund der Sünder
Jesus, Hilfe der Kranken
Jesus, guter Hirt

Jesus, du Grundstein
Jesus, du Weizenkorn
Jesus, du Weinstock
Jesus, Brot von dem wir leben
Jesus, Licht, durch das wir sehen
Jesus, Weg, auf dem wir gehen

Jesus, Wahrheit, die wir glauben
Jesus, Tür, durch die wir gehen
Jesus, unser Leben

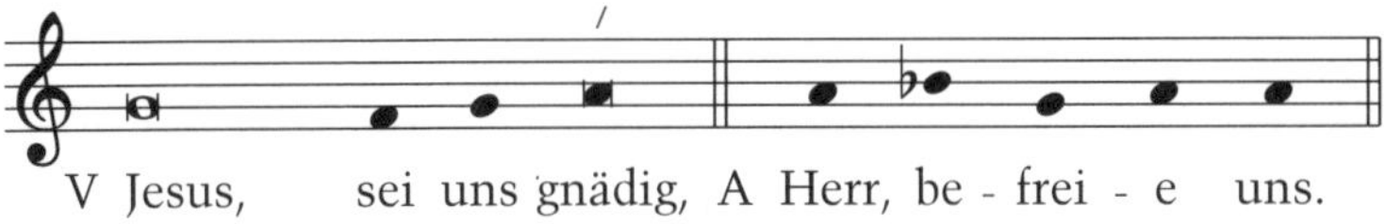


Sei uns barmherzig
Von allem Bösen
Von Schuld und Sünde
Von den Angriffen des Teufels
Von der Versuchung, deinen Weg zu verlassen
Vom ewigen Tode

Durch deine Geburt und dein Leben
Durch deine Botschaft
Durch dein Gebot der Liebe
Durch deine Macht zu vergeben
Durch deine Kraft zu heilen
Durch dein Kreuz und Leiden
Durch deine Verlassenheit
Durch deinen Tod am Kreuze
Durch deinen Abstieg in das Reich des Todes
Durch deine Auferstehung und Himmelfahrt
Durch den Trost des Heiligen Geistes
Durch deine Gegenwart
Durch deine Wiederkunft

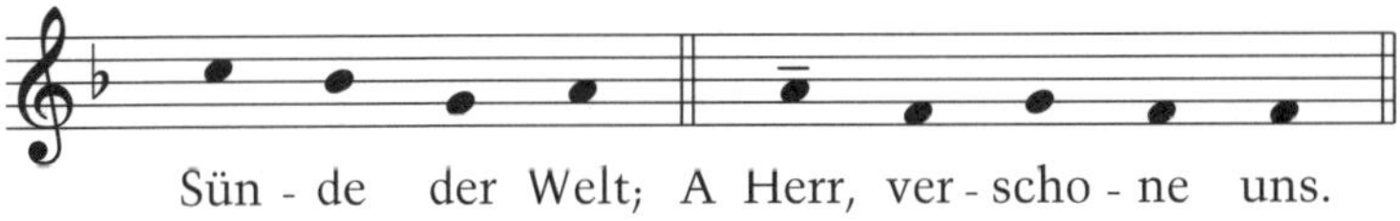


V Lamm Gottes, du nimmst hinweg die Sünde der Welt.
A Herr, erhöre uns.
V Lamm Gottes, du nimmst hinweg die Sünde der Welt.
A Herr, erbarme dich.

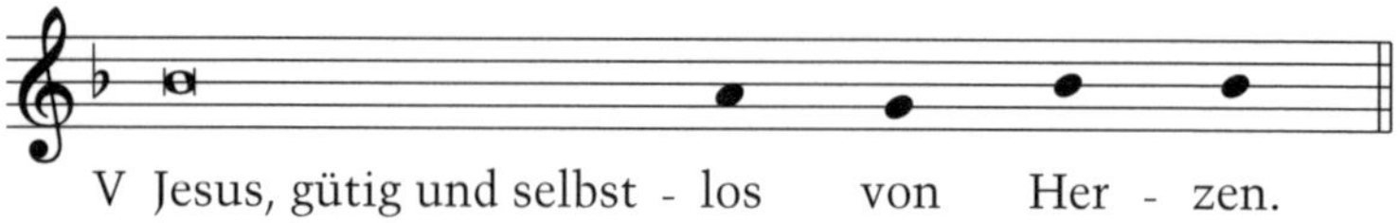


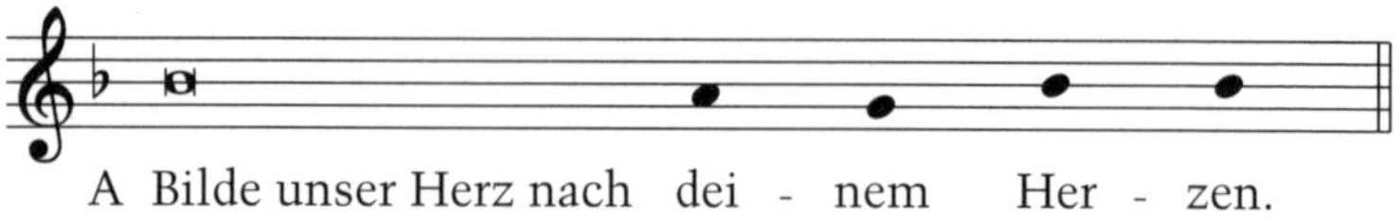


Lasset uns beten. – Herr Jesus Christus, wir bitten dich: Erhalte in uns den Glauben, dass deine Worte sich an uns erfüllen. Gib uns das Feuer deiner Liebe, so dass wir dich und unsere Mitmenschen aufrichtig lieben können, und lass uns nicht aufhören, deinen Namen anzurufen. Der du lebst und herrschest jetzt und in Ewigkeit.

A Amen.

Melodische Fassung: Walter Hirt und Bernhard Schmid

## VERWENDETE SCHRIFTTEXTE

Ex 16,2–4.12–15 *116*
Ex 33,7–11a *209*

1 Kön 19,4–8 *114*

Spr 9,1–6 *119*

Ez 34,11–16 *153*

Mal 1,11 *79*

Mt 6,7–13 *136*
Mt 9,9–13 *199*
Mt 11,25–30 *139*
Mt 28,16–20 *54*

Mk 6,30–44 *104*
Mk 10,42–45 *130*
Mk 12,28b–34b *56*
Mk 14,12–16.22–26 *44, 111*

Lk 9,10–17 *46*
Lk 12,22–31 *58*
Lk 22,14–20 *196*
Lk 24,13–35 *123*

Joh 1,1–5.9–14 *61*
Joh 1,29–30 *133*
Joh 6,26–35 *64*
Joh 6,48–51 *101*
Joh 6,51–58 *41*
Joh 10,11–16 *156*
Joh 15,1–8 *146*
Joh 19,31–37 *149*

Röm 8,31b–34 *127*

1 Kor 10,16–17 *70, 82, 97*
1 Kor 11,23–26 *88, 108*

Eph 3,14–21 *143*
Eph 5,19–20 *121*

Phil 2,5–11 *158*

## Textnachweis

Die in diesem Buch verwendeten Bibelstellen sind entnommen aus: Einheitsübersetzung der Heiligen Schrift, © 1980 Katholische Bibelanstalt, Stuttgart.

| | |
|---|---|
| S. 14–18: | Karl Rahner, aus: Sämtliche Werke, Verlag Herder, Freiburg. |
| S. 67/68: | Vgl. Eberhard Prause/Siegfried Foelz, aus: Das Geheimnis lasst uns künden, 1981, Verlag Styria Graz–Wien–Köln. |
| S. 71: | Sakrament der Liebe Gottes, Text: © Thomas von Aquino 1263/64, Übertragung Friedrich Dörr 1970. |
| S. 72/73: | Lobe, Zion, deinen Hirten. Melodie: Frankreich 12. Jh.; Text: Aquino, Thomas von (1263/4), Thurmair, Maria-Luise (Textübertragung); © Christophorus Verlag, Freiburg/Br. |
| S. 93/94: | Eberhard Prause/Siegfried Foelz, aus: Das Geheimnis lasst uns künden, 1981, Verlag Styria Graz–Wien–Köln. |
| S. 95: | Sei gelobt, Herr Jesus Christ. Melodie: Quack, Erhard (Speyer 1944); Satz: Quack, Erhard (gest. 1983); Text: Thurmair, Georg (1943); © Christophorus Verlag, Freiburg/Br. |
| S. 137/138: | Anton Rotzetter, aus: Gott, der mich atmen lässt. Herderbücherei Bd. 8832. Verlag Herder, Freiburg 14. Auflage 1998. |
| S. 144/145: | Romano Guardini. Alle Autorenrechte liegen bei der Katholischen Akademie in Bayern. Romano Guardini, Theologische Gebete, in: Psalter und Gebete, 7./9. Auflage 1998, Verlagsgemeinschaft Matthias Grünewald, Mainz/Ferdinand Schöningh, Paderborn. |
| S. 154/155: | Worauf sollen wir hören. Text: Lothar Zenetti, © J. Pfeiffer Gotteslob Verlag GmbH. |
| S. 165/166: | Das Geheimnis lasst uns künden. Melodie: 12 Jh.; Satz: Schmid, Karl Norbert (1978); Text: Aquino, Thomas von (1263/4), Thurmair, Maria-Luise (Textübertragung); © Christophorus Verlag, Freiburg/Br. |
| S. 169/170: | Gottheit tief verborgen, betend nah ich dir. Melodie: aus Frankreich 17./18. Jh.; Satz: Schmid, Karl Norbert (1926–1995); Text: Aquino, Thomas von (13. Jh. »Adoro te devote«), Petronia Steiner (Textübertragung); © Christophorus Verlag, Freiburg/Br. |
| S. 172/173: | O heilger Leib des Herrn, Text: © Friedrich Dörr. |
| S. 182 | O Jesu, all mein Leben bist du. M. + T.: 19. Jh.; T.: Georg Thurmair (2. Str.); © Christophorus Verlag, Freiburg/Br. |
| S. 185: | Unser Leben sei ein Fest. Text: Josef Metternich Team; Musik: Peter Janssens; aus: Wir haben einen Traum, 1972; alle Rechte im Peter Janssens Musik Verlag, Telgte-Westfalen. |
| S. 187: | Anton Rotzetter, aus: Gott, der mich atmen lässt. Herderbücherei Bd. 8832. Verlag Herder, Freiburg 14. Auflage 1998. |
| S. 188 und 206/207: | Du rufst uns, Herr, an deinen Tisch, by Burckhardthaus-Laetare Verlag GmbH, Offenbach. |
| S. 191: | Wenn das Brot, das wir teilen. Text: © Claus-Peter März. |

S. 199: Gute Nachricht Bibel, revidierte Fassung, © 1997 Deutsche Bibelgesellschaft, Stuttgart.

S. 221: Romano Guardini. Alle Autorenrechte liegen bei der Katholischen Akademie in Bayern. Romano Guardini, Theologische Gebete, in: Psalter und Gebete, 7./9. Auflage 1998, Verlagsgemeinschaft Matthias Grünewald, Mainz/Ferdinand Schöningh, Paderborn.

S. 222: Teresia Benedicta a Cruce – Edith Stein: © Edith-Stein-Archiv, Karmel Köln.

S. 223: Karl Rahner, aus: Sämtliche Werke, Verlag Herder, Freiburg.

S. 224 Anton Rotzetter, aus: Gott, der mich atmen lässt. Herderbücherei Bd. 8832. Verlag Herder, Freiburg 14. Auflage 1998.

S. 224/225: Silja Walter, © by the author.

S. 226: Huub Oosterhuis, aus: Ganz nah ist dein Wort. Verlag Herder, Freiburg 10. Auflage 1972.

S. 226/227: Theo Schmidkonz, © by the author.

S. 227: W. Brixner/O. Hellmich-Brixner, aus: Gebete für alle Tage, © 1998 Pattloch Verlag, München.

S. 228: Sabine Naegeli, aus: Die Nacht ist voller Sterne. Verlag Herder, Freiburg 15. Auflage 2000.

S. 229–231
und 234: © Zentrum für Berufungspastoral, Freiburg.

## MITARBEITERINNEN UND MITARBEITER

Anton Bauer
Pfarrer, Schwäbisch Gmünd

Thomas Böbel
Pfarrer, Rottweil

Josef Brandner
Pfarrer, München

Christiane Bundschuh-Schramm
Referentin für Fortbildung, Rottenburg

Heribert Feifel
Pfarrer, Stuttgart

Werner Groß
Domkapitular, Rottenburg

Susanne Herzog
Pastoralreferentin, Esslingen

Walter Hirt
Diözesanmusikdirektor, Rottenburg

Burkhard Keck
Pfarrer, Ehingen

Robert Kloker
Pfarrer, Wasseralfingen

M. Johanna vom Kreuz-Hauke OCD
Tübingen

Rolf Oster
Superior, Schramberg-Heiligenbronn

Margret Schäfer-Krebs
Pastoralreferentin, Rottenburg

Bernhard Schmid
Professor, Rottenburg

Hans-Michael Schneider
Subregens, Rottenburg

Anton Seeberger
Pfarrer, Stuttgart

Martin Stöffelmaier
Pfarrer, Baiersbronn

Clemens Stroppel
Regens, Rottenburg

Wolfgang Tripp
Caritasdirektor, Stuttgart

Marcella Welte OSB
Kellenried